谨以本书庆祝

山东省文物考古研究院成立四十周年

山东省文物考古研究院藏文物精粹

铜器卷

山东省文物考古研究院 —— 编著

文物出版社

图书在版编目（CIP）数据

山东省文物考古研究院藏文物精粹. 铜器卷 / 山东省文物考古研究院编著. –– 北京：文物出版社，2021.12

ISBN 978-7-5010-7256-9

Ⅰ. ①山… Ⅱ. ①山… Ⅲ. ①文物—山东—图集②铜器（考古）—中国—图集 Ⅳ. ①K872.520.2

中国版本图书馆CIP数据核字（2021）第217793号

山东省文物考古研究院藏文物精粹·铜器卷

编　　著：山东省文物考古研究院

封面设计：刘　远
责任编辑：杨新改　张晓雯
责任印制：王　芳

出版发行：文物出版社
社　　址：北京市东城区东直门内北小街2号楼
邮　　编：100007
网　　址：http://www.wenwu.com
经　　销：新华书店
印　　刷：北京荣宝艺品印刷有限公司
开　　本：889mm×1194mm　1/16
印　　张：15
版　　次：2021年12月第1版
印　　次：2021年12月第1次印刷
书　　号：ISBN 978-7-5010-7256-9
定　　价：380.00元

编辑委员会

目 录

序　言

　　山东考古起于 1928 年吴金鼎先生的章丘之行，1930 年中央研究院历史语言研究所因发掘城子崖与山东省政府合力组织的山东古迹研究会，可算是山东第一个正式的考古机构。其后，山东考古的职能一直隶属于省图书馆和省博物馆。至 1981 年山东省文物考古研究所成立，其间 50 载，正是打基础的阶段。迄今又历 40 年了（2017 年改为山东省文物考古研究院），这是与中国考古一道飞速发展的 40 年，可以说是山东考古的黄金时期。

　　作为省级考古院所，配合国家基本经济建设的考古工作是我们的主要任务，时不时出现的抢救性发掘保护也是我们的职责。由 20 世纪 80 年代的齐鲁石化、济青高速公路到 21 世纪的南水北调、京沪高铁、小清河拓宽等大型基本建设的考古发掘工作，大多由我院承担和主要实施。随着近年考古前置的开展，配合基建的考古工作倍增。近年配合基建的考古发掘，带来如临淄后李、章丘西河、高青陈庄、寿光双王城盐业遗址群、定陶十里铺北、滕州西孟庄等新发现，大大改变了山东考古的面貌。抢救性发掘同样取得了重要收获，如定陶汉代王陵、沂水纪王崮春秋墓葬、跋山水库旧石器时代遗址、曲阜西陈商代遗址等都是突破性的新发现。

　　工作任务之外，科研一直是我们的基本职能，否则也谈不上文物保护。因此，主动性考古工作成为了山东考古的中心线，课题意识历来是反复强调的主题。21 世纪以来，"中华文明探源工程""考古中国""国家考古遗址公园"等项目有力地带动了科研的拓展和深入，桐林、城子崖、大汶口、齐故城、鲁故城等主动发掘项目，深化了我们对山东地区史前时期和历史时期物质文化的认识，也让我们对山东地区在中华文明及其传统形成过程中的贡献有了越来越清晰的认识。

山东省文物考古研究院成立以来，历年的考古发掘出土了大量珍贵文物。据初步统计，我院现藏文物（标本）约有 10 万件（套），包括铜、铁、金、银、玉、陶、石、骨、漆、丝织品等各种材质，上自旧石器时代，下至明清时期，可谓丰富多彩，琳琅满目。为纪念山东省文物考古研究院建院 40 周年，展示我院田野考古和文物保护工作的成绩，特挑选了部分文物精品，分青铜器、玉器、陶瓷器和铜镜四卷出版，作为我院与学界及社会各界交流的窗口。希望通过这一件件精美的文物，既能够体现过往工作，也能展望可期的未来。

2021 年 11 月

前　言

郝导华　徐倩倩　韩　辉　刘　晨

一　山东青铜器发展历程

迄今为止，山东最早的青铜器实例见于龙山文化；岳石文化时期，青铜器材料进一步丰富。由于以上两种文化被认为是东夷人所创造，所以，青铜器应多为东夷人器物。商周时期，伴随着商人的东进及周人的分封，山东文化与中原文化相互交融，创造出了以商周文化为主体的青铜文化。战国时期，以青铜礼器为核心的青铜器日益世俗化，逐渐向实用器转化，青铜器趋于衰落。至汉代，不仅青铜器数量大大减少，而且礼器被实用器逐步取代，青铜器礼制上的重要性逐渐丧失。

二　青铜器发现与研究简史

（一）青铜器发现简史

山东青铜器发现的线索可向上溯至汉代，见于《汉书·郊祀志》。其后至 1949 年，山东零星出土了部分青铜器。例如，宋代临淄出土春秋时期叔夷钟 13 枚。清代出土青铜器的数量增多。例如，清咸丰（一说道光）年间，在寿张县（今阳谷县）的梁山脚下发现一窖藏，出土商末周初铜器 7 件等。民国以后，出土的青铜器主要有：1931 年，青州苏埠屯出土两批商代晚期青铜器；1933 年，滕县安上村村民发现 14 件春秋时期铜器等。

中华人民共和国成立后至 20 世纪 70 年代，通过考古发掘和征集，山东青铜器数量大增，出土铜器的重要地点较多，包括长清南兴复河北岸及岗辛、肥城城东小王庄、临朐杨善公社及泉头、临淄河崖头村、龙口归城附近村庄、济南大辛庄及刘家庄、诸城臧家庄、邹城邾国故城、临朐泉头、长岛汪沟、莒南大店、济南刘家庄、沂水刘家店子、曲阜鲁国故城、滕州薛国故城及前掌大、济阳刘台子、阳谷景阳岗等。

20世纪80年代至今，主要以考古发掘出土青铜器为主，数量大、地点多。另外，收缴的盗墓文物或见诸国际拍卖和国内外收藏家的青铜器亦有一定数量。征集或拣选的文物较少。出土铜器的重要地点主要有：滕州前掌大及庄里西、临沂凤凰岭、济阳刘台子、寿光古城、莱芜戴鱼池、临淄河崖头及商王村、章丘女郎山、长清仙人台、山亭东江、新泰周家庄、济南大辛庄及刘家庄、沂源东安故城、枣庄徐楼、沂水纪王崮等。

（二）青铜器研究简史

关于青铜器的著录和研究开始于宋代。此时，金石学兴起，在《宣和博古图》《集古录》《金石录》等书中，皆有关于山东青铜器的著录。清代及民国时期，在《西清古鉴》《三代吉金文存》《缀遗斋彝器款识考释》等书中均有山东青铜器的著录和考释。而在清代乾嘉之后，出现了关于山东青铜器的辑录专著，如《山左金石志》《济州金石志》《益都金石记》《山东通志·卷147·金石》（可简称为《通志》）等。20世纪40年代，《山东金文集存·先秦编》出版，是早年著录山东青铜器的集成之作；《山东益都苏埠屯出土铜器调查记》发表，首先运用考古学方法，对铜器进行了综合研究。其后，郭沫若《彝器形象学试探》、容庚《商周彝器通考》、陈梦家《西周铜器断代》等著作中对山东青铜器皆有所涉及。1960年，王献唐《黄县葐器》一书出版，该书对今龙口市归城遗址出土的春秋早期葐国铜器进行了综合研究。但20世纪六七十年代，铜器研究成果较少，专论仅见齐文涛（王恩田）的《概述近年来山东出土的商周青铜器》等。

20世纪80年代以来，无论是青铜器的辑录还是考古研究成果都大量涌现。综合性的研究主要有山东省博物馆《山东金文集成》、中国青铜器全集编辑委员会《中国青铜器全集》、朱凤瀚《中国青铜器综论》、王青《海岱地区周代墓葬与文化分区研究》、刘延常等《西周晚期至春秋早期山东地区东土青铜器群的转变与传承》、毕经纬《问道于器：海岱地区商周青铜器研究》、路国权《东周青铜容器谱系研究》、方辉《海岱地区早期铜器的发现与研究》等。有关青铜器铭文的研究成果有孙敬明《考古发现与齐史类征》、李学勤《战国题铭概述》、徐在国《论晚周齐系文字特点》、江淑惠《齐国彝铭汇考》、苏影《山东出土金文整理与研究》、李零《读小邾国铜器的铭文》、林沄《小邾国东江墓地青铜器铭文部分人名的考释》、任相宏等《高青陈庄遗址 M18 出土丰簋铭文考释及相关问题探讨》、陈絜《郳氏诸器铭文及其相关历史问题》等。涉及古国古族的成果有陈青荣等《海岱古族古国吉金文集》、王永波《"己"识族团考——兼论龏、并、己三氏族源归属》、何景成《商代史族研究》等。分域铜器研究的有高江涛《泗水流域出土商代青铜礼器的历史地理考察》、张叶亭《沂沭河流域商周青铜器研究》、林仙庭《胶东青铜文化初探》。分国铜器研究有黄盛璋《山东诸小国铜器研究——〈两周金文大系续编〉分国考释之一章》、刘雨《两周曹国铜器考》、李学勤《小邾国墓及其青铜器研究》、朱凤瀚《鲁国青铜器与周初鲁都城》、杜迺松《东周时代齐、鲁青铜器探索》、王恩田《东周齐国铜器的分期与年代》、方辉《寺公典盘铭与郯史再考》等。对某一器类或器群进行研究的有李零《说匜——中国早期的妇女用品：首饰盒、化妆盒和香盒》、王清雷《山东地区两周编钟的初步研究》、梁法伟《山东地区出土东周时代铜兵器研究》、吴伟华《山东出土东周铜铷及相关问题研究》、刘延常《山东地区青铜殳研究》、郎剑锋等《山东新见青铜句鑃初识》、方辉《春秋时期方座形铜器的定名与用途》、张懋镕《新出杞伯簋浅谈》等。对铜器纹饰进行研究的有侯雯雯《山东出土两周青铜容器的纹饰研究》等。涉及古代制度研究的主要有毕经纬《山东东周鼎簋制度初论——以中原地区为参照》等。对铜器铸造工艺与合金成分分析进行研究的有何堂坤《山东青铜器合金成分分析》、《胶东青铜器科学分析》，赵凤燕等《山东仙人台邿国青铜器的初步分析》，赵春燕《前掌大墓地出土铜器的化学组成分析与研究》，丁忠明等《山东新泰出土东周青铜复合剑制作技术研究》、《山东新泰出土同心圆剑首连接技术研究》，苏荣誉等《枣庄徐楼出土铸镶红铜青铜器探论——兼及红铜铸镶纹饰青铜器的时代与产地问题》，张吉等《山东滕州薛国故城出土部分青铜器的时代及科学分析研究》等。

　　总之，在原有青铜器辑录的基础上，随着考古工作的增多，青铜器的数量大增。同时，研究工作从重视对青铜器的辑录和对金文的考释，发展到从青铜器的分布与分期、器物的组合、形制、装饰、铭文、铸造工艺与合金成分、国族、区域特征、器用制度、历史背景等方面进行研究与探讨，取得了重要成果。然而，山东青铜器不仅数量大，而且涉及古国众多，对外交流形式多样，青铜文化面貌复杂。因此，青铜器的研究中，在某些方面还相对薄弱和不足，要解决这些问题，还需要进一步的考古发现和对既有资料进行全面、系统、科学的整理和研究。

三　山东地区青铜器发展阶段及脉络

（一）青铜器的萌芽与初步形成

山东最早发现的与铜器相关的遗址时代为龙山文化时期。1974 年，在胶县三里河遗址发现 2 件铜锥[1]，经鉴定为黄铜。另外，在诸城呈子、栖霞杨家圈、长岛店子、日照尧王城、临沂大范庄等遗址发现过铜片或铜渣。由上可见，这一时期发现铜器较少，多为工具或残片，尚未进入青铜时代，可称为早期铜器的萌芽期。

山东岳石文化发现的青铜器较多，器类亦增加。这时期的青铜器多属锡青铜或铅青铜，制作工艺有范铸和锻打等。牟平照格庄遗址出土铜锥 1 件，经鉴定为青铜[2]。泗水尹家城遗址出土镞、刀、锥、环等 14 件铜器，经鉴定有 3 件红铜和 6 件青铜[3]。另外，在青州郝家庄、邹平丁公等地均有铜器发现，说明岳石文化时期已进入青铜时代。但是，岳石文化青铜器比起中原的二里头文化显得滞后，器类以工具为主，有少量武器和饰品，但缺乏无争议的青铜容器，所以这个时期为青铜器的初步形成期。

由于龙山文化与岳石文化被认为是东夷文化，所以这两个时期的青铜器主要是由东夷人制作的。

（二）商代青铜器的繁荣发展

至岳石文化后期，山东文化格局发生变化，特别是伴随着商文化东渐，岳石文化东退，商人逐渐统治了山东的大部分地区，所以青铜器文化面貌为之一变。至晚商，形成了夷商对峙、商文化和东夷文化并存而又融合发展的局面，即主要体现为珍珠门文化与商文化并存对立。由于具有发达青铜工艺的商文化进入山东，山东青铜器也进入重酒器的繁荣发展的阶段。

商代早期，山东大部分地区还属于岳石文化的分布区，故而发现典型商代青铜器较少。至商代中期，伴随着商文化东进的迅猛发展，铜器出土地点增加。主要有济南大辛庄，滕州轩辕庄、大康留、吕楼、前掌大，及长清前平、莒南虎园水库等。以上这些地点均为商王朝向东挺进的重要据点。主要分布于鲁北济水沿线、鲁南滕州一带和鲁东南前沿。器类仍较少，主要有鼎、瓿、爵、斝、罍、提梁卣、盉、斧、钺等，器物核心组合为爵或爵、斝。纹饰主要为兽面纹，另外还有弦纹、云雷纹、联珠纹、乳丁纹、涡纹、目纹、夔龙纹等，有的以云雷纹为底，再加其他纹饰。未发现有铭文或族徽。

至商代后期，随着商文化的大规模扩张，青铜器出土地点明显增加，主要有济南大辛庄及刘家庄、桓台史家、青州苏埠屯、长清小屯、惠民大郭、滨州兰家村、寿光益都侯城、滕州前掌大、沂水信家庄、沂源东安、费且墩头、兰陵密家岭等。商代后期出土青铜器的地点范围明显扩大，几乎占据潍河以西的全部地区。这时器类明显增多，主要有圆鼎、方鼎、觚、爵、斝、甗、簋、豆、罍、觯、尊、卣、壶、罍、盉、盘、铙、弓形器、盔、钺、戈、刀、矛、斧、弓形器、锛、削等，容器的核心组合为爵、觚。乐器主要是编铙，其形制相同，大小相次。纹饰还是兽面纹为主，另有弦纹、云雷纹、涡纹、夔龙纹、云纹、蕉叶纹、蝉纹、鸟纹、目纹、乳丁纹、联珠纹等，素面亦占有较高的比重。

商代后期青铜器上出现大量族徽标识。这些族徽主要有长清小屯和费县集中出土的"举"、滕州前掌大集中出土的"史"、青州苏埠屯集中出土的"亚醜"及"融"、滕州井亭出土的"爻"、寿光古城出土的"己"、兰陵东高尧出土的"戈"等。这些有族徽或铭文青铜器出土的遗址，往往规模大、规格高，应是商族重要成员采邑或方国，是商王朝控制东土的重要据点。铭文除以上徽铭外，主要为祭祀先祖铭辞，例如祖戊爵、父乙觯等。

（三）西周青铜器的转化

《左传·昭公九年》载："及武王克商，薄姑、商奄，吾东土也。"继周公辅佐成王平定东方叛乱后，康王继续东征，镇服东方诸侯国，基本上完成了对东方地区的控制。在此基础上，周人陆续分封疆土以蕃屏周。这些分封的诸侯国主要有姬姓的鲁、曹、滕、郕、郜、茅、极等，姜姓的齐、纪、逢、向、州、郭等国，妊姓的薛、邳、秦、祝（铸）等，风姓的任、宿、须句等，姒姓的鄫、费、斟鄩等。与之相应，西周青铜器也可粗略分为前后两期。前期阶段主要延续了晚商的文化特征。但是，随后伴随的周人的东进，周文化体系的铜器迅速在山东出现。西周前期出土青铜器的地点主要有济阳刘台子、高青陈庄、临淄河崖头及东古城、龙口归城及韩栾村、招远东曲城、崂山前古镇、海阳上尚都、新泰府前街、滕州庄里西及前掌大等。前期的器类主要有爵、觚、觯、尊、卣、壶、盘、盉、鼎、甗、簋、戈、刀、矛等。酒器的觚、爵逐渐消失，而向重食的器物转化。乐器发现极少。纹饰延续商代的风格，以兽面纹为主，弦纹、雷纹及素面均占有一定比例，另外，还有涡纹、夔龙纹、云纹、乳丁纹等。

西周后期出土青铜器的地点明显增多，主要有长清仙人台、高青陈庄、泰安龙门口、曲阜鲁故城、滕州庄里西、沂源姑子坪、日照崮河崖、五莲中至留、莒县西大庄及前集等。器类主要有鼎、鬲、甗、簋、簠、盨、铺、壶、盘、匜、戈、刀、矛等。这时，西周重食器的风格表现得淋漓尽致并形成了自己的铜器系统，器物核心组合为鼎、簋。这时期钛等新的器形开始出现。而龙门口出土的豆、俎，姑子坪出土的方彝形器也较为少见。西周晚期纹饰出现了较大变化，鳞纹、窃曲纹及素面占主导地位，同时还存在弦纹、龙纹、瓦楞纹等纹饰。

西周初年，青铜器在器类、形制、纹饰等方面主要延续殷商特征，西周早期经过与殷遗民和东夷的战争，周人经过山东北部进入胶东半岛，周式青铜器也在这些地点发现。至西周晚期，山东地区几乎皆有周式青铜器出土。同时，形成了以临淄为中心的齐国、以曲阜为中心的鲁国，及鲁南、鲁东南、胶东半岛等地区周式青铜器在一致性基础上的集体大发展时期。而西周青铜器群的转化主要表现为重酒器向重食器的转化。

铭文方面，族徽文字还有保留，例如启尊、启卣的"戈箙"等，后逐渐消失。而代表国名、人名的青铜器则较多，如临淄等地出现的带有"齐"字的铭文，滕州庄里西出土的带有"滕"的青铜器等。从铭文内容看，西周时期铭辞包括祭祀先祖、军旅征行、祈福祝寿、赏赐纪念及婚嫁送媵等方面。

（四）东周青铜器的大发展、大融合及本地域青铜器风格的形成

到了东周时期，历史发生了重大变化，伴随着政治形势的变化，经济的发展和地域文化的形成，山东青铜器出现了新的特点，即青铜器出土范围广，数量多，文化因素丰富。同时，青铜器的地域特征日益鲜明，形成了自己独特的风格。以上这些特点是该阶段青铜器的主要特征。东周时期的青铜器可分为春秋及战国时期两个大的阶段。

1. 春秋时期

山东春秋时期铜器的出土地点和数量均众多，主要出土地点有：长清仙人台、临朐杨善、蓬莱村里辛旺集、烟台上夼、海阳嘴子前、泰安城前村、肥城小王庄、新泰周家庄、滕州薛国故城和大韩墓地、山亭东江墓地、沂源姑子坪、临沂凤凰岭和中洽沟、沂水纪王崮和刘家店子、莒南大店等。

春秋前期器类主要有鼎、鬲、簋、簠、盨、铺、壶、盘、匜、戈、矛等，主要还是重食器。器物组合有鼎、簋组合与鼎、舟组合。乐器中的编钟只在

长清仙人台墓地 M6 发现，是甬钟和钮钟组合。春秋前期的纹饰主要有窃曲纹、垂鳞纹、重环纹、环带纹等，素面明显增多。另外，弦纹、龙纹、三角纹等纹饰占有一定比重。

春秋后期，西周后期流行的簋、盨等器类趋于消失，器类丰富，主要有鼎、敦、豆、簠、壶、鉴、舟、盘、匜、戈、戟、剑、矛等，长剑流行。另外，富有特色的器物还有平顶敦等。从器物组合看，鼎、簋为核心的器物组合被鼎、敦、豆、舟为核心的组合替代，特别是舟，成为山东青铜器组合中最核心的器物。以上组合在山东北部比较普遍。然而，山东各地的组合略有差别，例如东部以敦、舟为主，南部以鼎、豆、舟为主，东南部以鼎、敦、舟为主。乐器组合已相当丰富，例如沂水纪王崮春秋墓中不但出土甬钟、钮钟和镈钟，还出土錞于和铙。

纹饰这时发生了一些变化，西周后期以后流行的垂鳞纹、窃曲纹、重环纹、波曲纹等已少见或逐步消失，纹饰主要有蟠螭纹、蟠虺纹、人物画像纹等。另外，三角纹及弦纹、雷纹、乳丁纹等也有一定数量。

春秋时期的铭文内容，又增加宴飨宾客铭辞等。另外，春秋晚期甚至出现标榜身世及武功等方面的内容。春秋中期开始，齐地则出现有其地域特色的历日纪年类铭文，其形式为"立事岁"或"再立事岁"＋月、日。

2. 战国时期

山东战国青铜器出土地点虽比春秋时期略少，但战国时期仍是青铜器发展的一个重要时期。出土地点主要有长清岗辛，临淄商王墓地、相家庄墓地、郎家庄，诸城臧家庄，新泰周家庄，泰安东更道村，滕州薛国故城遗址及大韩墓地等。

战国前期器类与春秋晚期基本相同，主要有鼎、敦、豆、簠、舟、鉴、盘、匜、戈、戟、剑、矛等。其中，龙耳方座簋是这一时期的特色器物。乐器组合延续前期组合。这一时期铜器以素面为主，而纹饰主要有弦纹、蟠螭纹、蟠虺纹、窃曲纹、三角纹等。

战国后期，器类有所变化，敦、豆、舟、匜及方座簋等逐渐减少或消失，又出现了釜、盒、盆、耳杯、樽、卮、洗等器类。这样，传统礼器逐渐向实用器转化，战国后期铜器"开启了世俗化的青铜实用器时期"[4]。兵器仍以剑、戈为主，乐器组合与前期相同。这时期，除素面占绝对优势外，主要纹饰有弦纹、云纹、蟠螭纹等。同时，铸镶红铜、错金银工艺亦占有一定比重。

战国时期，山东齐国最大，齐国铭文仍可见到颂扬先祖、祝愿家族昌盛的内容。同时，战国前期铭文出现法律条文的内容，而战国后期铭文往往涉及"物勒工名"，即以所有者或工匠名字等内容标明器主及铸器地点等。

（五）汉代青铜器的进一步延续和转变

进入汉代，青铜器出土数量和种类大大减少。出土地点主要有曲阜九龙山汉墓、济南长清双乳山汉墓、章丘洛庄汉墓和平陵城、临淄齐王墓随葬器物坑、平度六曲山墓群、巨野红土山汉墓等。汉代前期，青铜器在类别、形制、纹饰等方面继续延续战国晚期风格。器类有鼎、锺、钫、壶、盆、扁壶、编钟、錞于、戈、戟等。青铜器纹饰以素面为主，还有云纹、蟠虺纹、几何纹及错金银工艺等。西汉后期，青铜礼器逐渐消失，实用器涌现，铜器进入实用器阶段，主要的器类包括灯、熏炉、镜、带钩、镇、印章、镇墓兽等。另外，继续存在的青铜器在形制等方面亦有所变化。素面铜器比例提高，前期的纹饰少见甚至消失，出现云气纹、柿蒂纹、锦纹、锯齿纹及写实动物纹等纹饰。西汉武帝以后，基本摒弃了原来的青铜礼器系统，进入了实用器时代。而器物的铭文也"只限于记录制作的地点、机构、人员，器物的名称、容积、重量，置用的场所、编号等项，比之战国中晚期'物勒工名'的格式更为详细和规范。"[5]

注释

[1] 中国社会科学院考古研究所：《胶县三里河》，文物出版社，1988 年。

[2] 中国社会科学院考古研究所山东队等：《山东牟平照格庄遗址》，《考古学报》1986 年第 4 期。

[3] 山东大学历史系考古专业教研室：《泗水尹家城》，文物出版社，1990 年。

[4] 毕经纬：《问道于器：海岱地区商周青铜器研究》，上海古籍出版社，2019 年，第 185 页。

[5] 李学勤：《青铜器入门》，商务印书馆，2013 年，第 64 页。

商 代

————

　　商代早期，青铜器较少。商代中后期，铜器出土地点急剧增加。主要有济南大辛庄、刘家庄，滕州前掌大、轩辕庄、大康留、吕楼，长清前平、小屯，莒南虎园水库，桓台史家，青州苏埠屯，惠民大郭，滨州兰家村，寿光益都侯城，沂水信家庄，沂源东安，费且墩头，兰陵密家岭等。

　　青铜器器类主要有鼎、爵、斝、觚、鬲、罍、甗、簋、豆、罍、提梁卣、盉、斧、钺、铙、弓形器、盔、刀、矛、斧、弓形器、锛、削等。器物核心组合为从爵或爵、斝为核心发展至以爵、觚为核心。乐器主要是编铙。纹饰主要为兽面纹，另外还有弦纹、云雷纹、夔龙纹、蕉叶纹、蝉纹、鸟纹等。

　　商代后期青铜器上出现大量标识符号，一般意义上说，应为族徽或复合族徽。

001

铜鼎

商代
青州苏埠屯墓地（M7：2）
口径 16.2、通高 19 厘米

侈口微敛，折沿，方唇，深腹微鼓，圜底，三柱足，两立耳略外侈。上腹部饰两周凸弦纹，内饰三组简化兽面纹，仅双目凸出，以扉棱为鼻。

OO2

铜鼎

商代
青州苏埠屯墓地（M8：16）
口径 19.5、通高 25.2 厘米

侈口，窄折沿，方唇，深腹略鼓，圜底，三
柱足略外撇，两立耳微外侈。上腹部有三组
简化兽面纹，中有扉棱，两侧各有一凸目。
器形较厚重，腹、足有烟炱痕迹。

003
铜方鼎

商代
青州苏埠屯墓地（M8：13）
口长 16.2、宽 13.4、通高 21.5 厘米

卷沿，方唇，深腹，下腹略小，平底微凹，四柱兽面纹足，两立耳。器腹中间饰长条形勾连雷纹，周围有呈"凹"字形的乳丁纹带，乳丁圆钝凸出。器腹上部饰以云雷纹为地的对称凤鸟纹，以中央短扉棱为界。器腹四角均有凸出的扉棱，足上有与器腹四角扉棱对应的短扉棱。兽面纹以云雷纹为地，圆目、角、鼻等明显。器内壁有"融"字铭文，底有烟炱痕迹。

004

铜方鼎

商代
青州苏埠屯墓地（M8：15）
口长 14.5、口宽 10.8、通高 18.6 厘米

窄折沿，方唇，浅腹，圜底，四扁足呈夔形，两立耳。器腹四面均饰简化兽面纹，目、鼻明显，"T"字形角。足上夔张口承鼎腹及底，可见角及爪，尾卷触地。器内壁有"册融"铭文。

005

铜簋

商代
青州苏埠屯墓地（M7：1）
口径 17、足径 12、高 11.7 厘米

侈口，方唇，微束颈，浅鼓腹略垂，高圈足，足上部有两个相对的方形孔。腹部饰两周凸弦纹，弦纹之间有三组简化兽面纹，有短扉棱为鼻，仅有两凸目。

006

铜簋

商代
青州苏埠屯墓地（M8：12）
口径 25.3、足径 18、高 21.7 厘米

敞口，斜折沿，方唇，斜直腹，高圈足。颈部
有一周变形夔龙纹及一对对称兽首，腹部满饰
勾连雷纹，内填乳丁；圈足饰变形夔龙纹，圆
目凸出，扉棱为鼻，以云雷纹为地。圈足外底
有阳线方格网纹饰，内底有"融"字铭文。

007

铜斝

商代
青州苏埠屯墓地（M8∶1）
口径 19.2、通高 34.5 厘米

卷沿，方唇，沿上有两方形菌柱，束颈，圆鼓腹，
一侧颈、腹间有兽首鋬，分裆，三柱足。颈部饰一
周细凸棱纹，柱顶饰涡纹，鋬上有简化兽首。

008

铜觚

商代

青州苏埠屯墓地（M7：6）

口径 16.1、足径 9.2、高 26.2 厘米

喇叭形口，束颈，腹略鼓，高圈足，足座较高。腹部鼓起处饰以云雷纹为地的两组兽面纹，上下均各有一组两周细凸棱。兽面纹与细凸棱之间间隔联珠纹。圈足亦饰一周以云雷纹为地的两组兽面纹，上下缘有联珠纹。圈足内有"亚醜"铭文。

009

铜觚

商代
青州苏埠屯墓地（M8：2）
口径 15.6、足径 9.8、高 26.4 厘米

喇叭形口，束颈，腹略鼓，高圈足，足座较高。
腹部饰一周兽面纹，圆目凸出，以犀棱为鼻，以
云雷纹为地。兽面纹带上有一周、下有两周细凸
棱。圈足有两周纹饰带，均以云雷纹为地，上为
相对的夔龙纹带，下为兽面纹。圈足内侧有阳文
"融"字。

010
铜爵

商代
青州苏埠屯墓地
通高 17 厘米

瘦高体。长流，长尾，菌柱，深卵圆腹，圜底，三细高足略外撇，一侧有素面桥形鋬。上腹部饰一周以云雷纹为地的夔龙纹。鋬手内侧有"融"字铭文。

011
铜爵

商代
青州苏埠屯墓地（M7：9）
通高 19.8 厘米

窄流，尖尾，尾高于流，菌柱，深直腹，圜底，三棱足外撇，一侧有桥形鋬。柱帽饰涡纹，腹饰三周凸弦纹。

012

铜爵

商代
青州苏埠屯墓地（M7：7）
通高 19.7 厘米

粗矮体。短流短尾，菌柱带孔突，深鼓腹略下垂，圜底，三矮足略外撇，一侧有兽首纹桥形鋬。上腹部饰一周云雷纹，上、下各一周联珠纹。鋬内有"亚醜"铭文。

013

铜爵

商代
青州苏埠屯墓地（M8：6）
通高 21.5 厘米

长流，短尾，菌柱，深腹，圜底，三足外撇，一侧有桥形鋬。上腹以短扉棱为界饰一周对称夔龙纹，以云雷纹为地。鋬内有"融"字铭文。

盖内铭文

器内底铭文

014

铜觯

商代

青州苏埠屯墓地（M8：9）

口长径 8.8、短径 7.9 厘米，足长径 7.7、短径 6.7 厘米，
通高 18.9 厘米

盖敛口，圆弧顶，中央有四阿重屋钮。器身侈口，卷沿，
方唇，束颈，鼓腹，高圈足，下有台座。器盖、颈、腹、
圈足部位相对应的位置均有四条高扉棱，并作为纹饰的
分界。器身满布纹饰，均以云雷纹为地。器盖饰以对称
凤鸟纹。口沿下饰三角形纹带，内填兽面纹。颈部、圈
足饰简化兽面纹，仅圆目凸出，躯干以线条表现；腹部
饰对称凤鸟纹。凤鸟纹均是尖喙突出，长冠，爪锋利，
长尾着地。器身纹饰均采用浮雕的表现形式，主题纹饰
凸出，形象鲜明生动。器物内底和盖内均有"融"字铭文。

015

铜尊

商代
青州苏埠屯墓地（M8∶8）
口径 21.2、足径 15.6、高 25.6 厘米

大敞口，粗颈，腹部有一周凸起，喇叭形圈足较矮。
颈部有一周兽面纹，以云雷纹为地。兽面纹圆目凸出，
以扉棱为鼻，以独立的线条表现躯干、角等，兽面
纹两侧有简化的倒立夔纹。颈部上下各有两周凸棱，
圈足有一周相对的夔龙纹，以云雷纹为地。圈足内
侧有"融"字铭文。

盖内铭文

内底铭文

016

铜卣

商代
青州苏埠屯墓地（M8：11）
口径 12、足径 13.7、通梁高 35 厘米

盖高沿微束，弧顶，菌状钮。器身长直口，平唇，长束颈，深腹略鼓，高圈足。绚纹提梁，两端有方环与颈部环耳套合。颈部有对称的两个兽首，颈、腹、足与盖均饰凸弦纹。盖内与内底有"融"字铭文。

017

铜罍

商代

青州苏埠屯墓地（M8：10）

口径 15.4、足径 13.2、高 30.4 厘米

侈口，尖唇，高束颈，颈、肩结合处略呈台阶状，圆肩微鼓，长深腹，上部微鼓，下腹斜直，肩部有对称的两个兽首环耳，下腹部有一个兽首环耳，矮圈足。肩部两耳之间各有三个涡纹，涡纹下饰两周细凸棱。口内侧有"融"字铭文。

018

铜盘

商代

长清

口径 31.3、底径 18、高 14 厘米

宽平沿，方唇，弧腹，高圈足，圈足下有高台座。腹部和圈足均有一周三组纹饰，均以云雷纹为地，每组纹饰间以扉棱。腹部纹饰每组为两夔龙纹相对，居中有扉棱，夔龙圆目凸出、中有瞳孔，张口，上、下吻较长，分别向上、向下卷曲。龙首与龙身结合处有长鬃毛后扬，长龙身，尾部卷曲，有爪，龙的上、下吻，龙身部分均为粗阳纹，中有阴线纹。圈足每组纹饰为兽面纹、扉棱为鼻，兽面纹圆目凸出、中有瞳孔，"T"字形角卷曲，鼻孔卷曲，尖状长耳后扬，短身后扬，尾部卷曲。

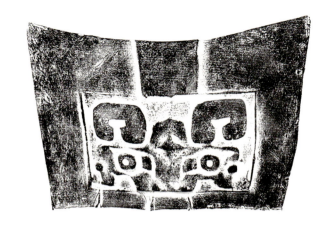

019
铜铙

商代
青州苏埠屯墓地（M8：27）
舞修 9.1、舞广 7.1 厘米，鼓间 9.5、铙间 12.8 厘米，甬高 6.1、通高 17.5 厘米

通体合瓦形，中空筒形甬，一端稍粗。铙正、反两面有浅浮雕兽面纹，仅表现出卷角、凸目、阔脸等，纹饰虽简单但是表现生动。在两面铙的敲击部位均有稍高于其他区域的长方形敲击区域。

020
铜锛

商代
青州苏埠屯墓地（M8：40）
长 8.2、宽 3.5 厘米

近长条形。平顶，长方形銎，单面刃，弧刃微外撇。两面均有简化饕餮纹，仅双目凸出，有"十"字形阳纹。

021

铜钺

商代

青州苏埠屯墓地（M8∶29）

长 24、宽 13.3 厘米

扁平铲形。弧刃，平肩，肩部两长穿，长方形内，内有一圆穿。钺两面自上而下均饰三周阳纹，下面两周阳纹之间饰三角纹。

022

铜钺

商代

青州苏埠屯墓地（M8∶30）

长 23.6、宽 13.1 厘米

扁平铲形。弧刃，平肩，肩部两长穿，长方形内，内有一圆穿。钺两面自上而下饰三周阳纹，下面两周阳纹之间饰三角纹。

023
铜卷首刀

商代
青州苏埠屯墓地（M8：53-2）
通长 29.2、宽 12.8 厘米

刀身平薄较长，前锋向后弯曲，刃整体较平
直，背部有三个均匀分布的薄犀棱。近背部
有一浅凹槽，凹槽再向内为条带状云状纹饰。
背部有两长条形穿。

024
铜卷首刀

商代
青州苏埠屯墓地（M8：53-1）
通长 29.2、宽 12.8 厘米

刀身平薄较长，前锋向后弯曲，刃整体较平
直，背部现存两薄犀棱。近背部有一浅凹槽，
凹槽再向内为条带状云状纹饰。背部有两长
条形穿。刃部前锋处有一较小的三角形孔。

025

铜环首刀

商代

青州苏埠屯墓地（M8：52）

通长 29.8、宽 4.1、柄长 11 厘米

整体长条形。厚背，薄刃，锋端由刃弧向背倾斜，柄略下曲，末端略细，环首。

026

铜削

商代

青州苏埠屯墓地（M8：32）

通长 18.2、宽 2.4、柄长 7.4 厘米

长条形。厚背，薄刃微内凹，锋端由刃向背方上斜，柱状柄略下垂，由背部向首端渐细，环首。

027

铜削

商代

青州苏埠屯墓地（M11：2）

通长 13.6、宽 1.7、柄长 5 厘米

长条形。厚背，薄刃，前锋较薄上翘，扁条状柄，末端稍细，居中有一细阳纹。

028

铜戈

商代
青州苏埠屯墓地（M7：10）
通长 25.2、内长 6、内宽 3 厘米

长援稍宽，中部略鼓，未见明显脊线，三角形锋较钝，上刃平直，有上、下阑；中胡，无穿；方内圆角，尾端略下垂，有齿。援有上下两道雷纹，上部纹饰与上刃基本平直，下部纹饰一直延伸至胡部。内饰阴线涡纹。阑侧有高起的兽首，整体作片状三角形，有一对亚腰形柱状角。以阴线表现兽首的各部位，三角形大口及鼻、目、额明显。戈正反两面纹饰相同。

029

铜戈

商代
青州苏埠屯墓地（M7：16）
通长 18.3、援长 12.3、内宽 5.5 厘米

援呈宽三角形，前锋较钝，无阑。援中部起脊，
后端中部有圆形孔，近内部有两个长方形穿，
一大一小，分处上下两端。内为长方形，有
一个长椭圆形孔。

030

铜斗

商代
青州苏埠屯墓地（M8：33）
通长 18.5、通宽 5、斗高 3.5、斗口径 2.8 厘米

圆筒形斗，长柄。斗子口，圆唇，腹微鼓，平底，
斗一侧伸出扁平长条柄，柄中部略弯，末端呈
菱形。柄中段饰一兽首，末端饰以云雷纹为地
的凤鸟纹，凤鸟长尾尖喙。

031
铜弓形器

商代

青州苏埠屯墓地（M8：31）

通长 35、通高 9.7 厘米

弓身作扁长条形，中部略宽，向上拱起，两端有弧形臂，呈"C"字形，臂端呈镂空圆铃形，铃内含小铜丸，摇动时可发出声音。弓面有圆凸，原或内嵌绿松石，其周饰八角星纹。

［贰］
西 周

———

　　青铜器出土地点主要有济阳刘台子、高青陈庄、临淄河崖头及东古城、龙口归城、崂山前古镇、海阳上尚都、新泰府前街、滕州庄里西及前掌大、长清仙人台、泰安龙门口、曲阜鲁故城、沂源姑子坪、日照崮河崖、莒县西大庄及崔家峪等。

　　青铜器器类主要有爵、觚、鼎、鬲、甗、簋、觯、尊、簠、盨、铺、卣、壶、盘、匜、盉、鼎、鬲、簋、戈、刀、矛等。容器从重酒器向重食器转化。器物核心组合从爵、觚发展至鼎、簋。纹饰从以兽面纹为主，发展至鳞纹、窃曲纹及素面占主导地位。除此以外，还有弦纹、雷纹、涡纹、乳丁纹等。

　　西周铜器铭文中族徽文字虽有保留但逐渐消失。铭辞已包括祭祀先祖、军旅征行、祈福祝寿、赏赐纪念及婚嫁送媵等各个方面。

032

铜鼎

西周
高青陈庄遗址（M18:5）
口径 20、通高 23.4 厘米

敛口，窄折沿，厚方唇，深圆腹稍鼓，圜底，
三柱状足，足上粗下细，两立耳微外撇。
口沿、颈以下饰以云雷纹为地的兽面纹。
铭文在腹内壁，"豊作厥祖齐公□彝"。

033
铜鼎

西周
滕州庄里西遗址（M7∶3）
口径 20.7、通高 18.2 厘米

卷沿，圆唇，浅腹，圜底，三蹄形足，两
立耳微外撇。口沿下有两周凸棱，凸棱之
间为一周重环纹。

034

铜鼎

西周

济阳刘台子遗址（M6：23）

口径 21、通高 20 厘米

侈口，窄折沿，方唇，浅鼓腹，圜底，
三柱状足，两立耳外撇。沿下饰一周凸
棱，上腹饰两周凸棱。

035
铜鼎

西周
采集
口径 20、通高 23.6 厘米

宽折沿，薄方唇，深腹略垂，圜底近平，三半
圆形柱足，立耳外撇。腹部一周纹饰分三组，
每组由两个夔龙纹相对组成，夔龙长身卷尾，
尾部分歧，龙身均以粗阳纹表示，内外边缘有
细阳线。在这三组纹饰上、下缘分别有细阳纹，
细阳纹之外分别有一周粗凸棱。

036
铜方鼎

西周
济阳刘台子遗址（M6：19）
口长 16.7、宽 12.7、通高 19.5 厘米

长方斗形。近平沿，方唇，深腹，底略垂，四柱足，立耳。
腹部中间均为长方形空白，周围布满纹饰，两侧为变形夔纹，
上为一周蛇纹，以扉棱为界对称分布，蛇头硕大、圆目凸出。
下为一周凤鸟纹，以扉棱为界对称分布，长尾尖喙。纹饰均
以云雷纹为地。正面、侧面纹饰相同，唯正面蛇的数量较多，
凤的尾巴较长。足中部饰两周凸棱，凸棱以上为浅浮雕兽面
纹，圆目凸出，鼻、角夸张。内壁有"夆宝尊鼎"铭文。

037

铜鬲

西周

高青陈庄遗址（M18：8）

口径 24.5、通高 39.5 厘米

连体鬲。鬲卷沿，方唇，深腹稍内收，立耳。鬲圆肩，鼓腹，分裆，柱状足。鬲上腹部饰一周简化兽面纹，仅表现圆目，身体、躯干等用云雷纹表示，每足对应的腹部均为一个浅浮雕兽面纹，圆目、眉、角、鼻等部位凸出。内壁有铭文"丰启乍祖甲宝尊彝"。

038
铜甗

西周
济阳刘台子遗址（M6：16）
口径 29.5、通高 46.6 厘米

连体甗，器物厚重。甑卷沿，方唇，近斜直腹，
附立耳。鬲圆肩，鼓腹，分裆，三柱形足。甑、
鬲结合部有三个伸出的榫扣以承箅。甑腹部饰
一周云雷纹带，纹饰较浅，鬲足及对应的腹部
均饰浮雕兽面纹，角、眼、鼻特别凸出明显。
甑部有两处明显的补铸修补痕迹。

039

铜甗

西周

滕州庄里西遗址（M7：6）

甑长 30.8、宽 23.5、高 24 厘米，鬲口长 21.8、口宽 17.2、高 25 厘米，通高 46 厘米

分体甗。甑卷沿，方唇，斜直壁，平底为箅，附耳微外撇。箅孔为排列整齐的长条形。甑近底部内收呈榫口，下接鬲口沿。沿下一周窃曲纹带，腹部为波曲纹带。两组纹饰带之间有一周凸棱。鬲整体俯视略呈方形，卷沿，方唇，束颈，鼓腹，分裆，四柱状足，两附耳外撇。鬲束颈部位在口内侧又有一道内口，内、外两道口形成凹槽以承甑。腹部与四足相对应可以分为四部分，分界明显，分界处可见范线。鬲底有烟炱痕迹。

040

铜簋

西周

高青陈庄遗址（M17：1）

口径 19.4、通高 26.1 厘米

弧顶盖、盖面有圆形捉手。簋卷沿，方唇，束颈，
鼓腹略垂，圜底近平，圈足，带三个高蹄形足，两
对称兽耳，下有小珥。盖上、颈部均有一周纹饰，
为变形夔龙纹和涡纹交替分布。圈足上有两周弦纹。
盖内、器内壁均有铭文"丰启乍祖甲宝尊彝"。

盖内壁铭文

器内壁铭文

器内底铭文

041

铜簋

西周
高青陈庄遗址（M18：6）
口径 20.3、通高 27.9 厘米

弧顶盖，盖面有圆形捉手。簋卷沿，圆唇，微束颈，鼓腹略垂，圈足，下有三蹄形附足，两对称兽首耳，下有小珥。盖沿有三周凸弦纹，其中两周之间饰交替的变形夔纹与涡纹。盖内、器内底有铭文"丰启乍祖甲宝尊彝"。

042
铜簋

西周
高青陈庄遗址（M27：7）
口径 16.8、足径 16.1、高 11.5 厘米

卷沿，方唇，微束颈，浅腹，腹部略鼓，圈足，有台座。腹部有对称兽首环耳，上有兽首，两角高耸、吻部凸出，下有方形珥。颈部有两周粗凸棱。

043
铜簋

西周
济阳刘台子遗址（M6：26）
口径 18.5、足径 16.2、高 14.2 厘米

侈口，方唇，束颈，鼓腹略垂，高圈足，底部外侈，有台座。腹部有对称兽首环耳，其下有珥，末端带钩，两耳中间有对称兽首。颈部有一周粗凸棱，上、下各有一周细凸棱。

器内铭文

044

铜方座簋

西周

高青陈庄遗址（M35：51）

口径 20.6、座边长 18.9、通高 30.4 厘米

弧顶盖，盖面有圆形捉手。簋圆唇，束颈，垂腹，圈足
下有方形底座。从腹部伸出两附耳，通过两横梁与簋口
沿连接。盖沿、颈部、圈足均饰一周窃曲纹，盖及腹部
饰瓦楞纹。方座上饰分冠卷尾凤鸟纹，冠、尾均卷曲下
垂。盖内、器内有长篇铭文，但多锈蚀不可辨。

045
铜方座簋

西周

高青陈庄遗址（M35：35）

口径 20.2、座边长 19.1、通高 30.8 厘米

弧顶盖，盖面有圆形捉手。簋侈口，圆唇，束颈，垂腹，圈足下有方形底座。从腹部伸出两附耳、通过两横梁与簋口沿连接。盖沿、颈部、圈足均饰一周窃曲纹，盖及腹部饰瓦楞纹。方座上饰分冠卷尾凤鸟纹，冠、尾均卷曲下垂。盖内、器内有长篇铭文，但多锈蚀不可辨。

046
铜爵

西周
高青陈庄遗址（M18∶2）
通高 23.1 厘米

长流，尖尾，菌柱，直腹，圜底，三高足外撇，
腹部一侧有一兽首鋬。腹部饰一周兽面纹。

047

铜觯

西周
高青陈庄遗址（M18:1）
口径 8.1、足径 5.1、高 19.3 厘米

细体觯。敞口，垂腹，高圈足略外侈。腹部、
圈足各有两周细凸棱。

048

铜觯

西周
高青陈庄遗址（M27:15）
口径 9.2、足径 5.3、高 19.3 厘米

细高体。口沿残，敞口，细颈，深垂腹，
喇叭形圈足。素面。

049

铜觯

西周

采集

口长径 7.4、短径 6.2 厘米，底长径 6.4、短径 4.7 厘米，高 11 厘米

敞口，圆唇，束颈，深腹，下腹略垂，高圈足略外撇。腹部有两组兽面纹，兽面纹为粗阳纹分解式，双目突出，额部明显，口鼻卷曲，尖状叶形耳，"C"字形角。兽面纹的形象简洁鲜明，两兽面纹的连接处为简化的倒立夔纹，亦为分解式。

050

铜尊

西周
高青陈庄遗址（M27：13）
口径17.8、足径12、高18厘米

大敞口，方唇，深腹，下腹部扁垂，粗矮
圈足外撇，下有台座。上腹有两周凸棱。

051

铜尊

西周
高青陈庄遗址（M18：7）
口径20、足径14、高27厘米

粗体筒形。大敞口，方唇，腹部略鼓呈一周
宽凸箍，高圈足。腹部凸箍上、下各有一周
粗体阳纹兽面纹，以兽首为界分为两组，凸
箍上、下侧各有两周凸棱。

盖内铭文

052

铜提梁卣

西周

高青陈庄遗址（M18：4）

口径 14.5、足径 18.2、通高 30.2 厘米

椭圆体，器体显矮扁。弧顶盖，圆形捉手。口与器盖扣合，束颈，垂腹，高圈足略外撇。颈部有两环耳与兽首提梁的圆环相扣。提梁两侧的兽首双角耸立，圆目凸出。盖沿、颈部均饰一周变形夔纹，颈部纹饰以浮雕兽首为界对称分布。盖内、器内底均有铭文"□□乍文祖齐公尊彝"。

053

铜卣盖

西周

归城遗址（小刘庄）

口径 11.1、高 5.1 厘米

仅存卣盖，器散失。弧顶盖，子口，中间有圆
形捉手，近口沿一侧有环钮。盖缘处饰一周兽
面纹。盖内壁有"□父辛"铭文。

054

铜盉

西周

高青陈庄遗址（M27：8）

口径 11、通高 18.5 厘米

椭圆口方体带盖盉。覆钵式盖，子口，盖顶正中及靠
把手一侧各有一环形钮。盉体母口略侈，矮直颈，扁
鼓腹，腹部前后内凹，底近平，底附四个柱状足，足
横截面呈半椭圆形。腹部一侧有环耳，环状把手上部
饰浅浮雕兽首，相对的一侧有管状流。

055

铜觥

西周

高青陈庄遗址（M18：3）

腹部最宽 24.1、足长径 12.4、足短径 8.1、通
高 22.8 厘米

器呈椭圆形。有盖，盖前端为牺首形，盖后有小
錾。牺首圆目凸出，双角，双耳高耸。器身带宽
口流，口腹之间兽首錾带小珥，高圈足。器身素
面，腹部、圈足各有两周弦纹。

056

铜匜

西周

滕州庄里西遗址（M7：17）

通长 22.6、宽 10.4、通高 12.1 厘米

"U"形流上翘，口微敛，鼓腹，圜底，四蹄形足，龙首鋬。口沿、流下饰重环纹，腹部饰瓦楞纹。

057
铜盘

西周

高青陈庄遗址（M27：9）

口径 28.7 ~ 29.1、通高 11.4 厘米

窄折沿近平，方唇，浅弧腹，大圜底近平，三柱状矮足，足横截面呈扁椭圆形。腹部有对称环形附耳，由腹底间向上弯曲竖立。素面。

058
铜车害

西周

高青陈庄遗址（M27：2）

害口外径 4.7、害尾外径 4.5、通长 11.5 厘米

由害、辖组成。害呈筒形，害身有一周凸棱，近下端有两对称圆孔。辖呈长条状，兽首。害身凸棱以外为波带纹，凸棱以内为一周鸟纹，顶端为圆形轮状纹饰。

[叁]

春 秋

———

　　青铜器的出土地点主要有：长清仙人台、临朐杨善、蓬莱村里辛旺集、烟台上夼、海阳嘴子前、泰安城前村、肥城小王庄、新泰周家庄、滕州薛国故城及大韩墓地、山亭东江墓地、沂源姑子坪、临沂凤凰岭和中洽沟、沂水纪王崮和刘家店子、莒南大店等。

　　青铜器器类主要有鼎、鬲、簋、簠、盨、敦、豆、铺、壶、鉴、舟、盘、匜、戈、矛、戟、剑等。器物组合从以鼎、簋或鼎、舟为核心的组合发展至以鼎、敦、豆、舟为核心的组合。乐器有甬钟和钮钟，还有镈于和铙。纹饰从以窃曲纹、垂鳞纹、重环纹为主，发展至以蟠螭纹、蟠虺纹为主。

　　春秋时期的铭文铭辞除流行西周时期的内容外，还增加了宴飨宾客等的内容。

沂水纪王崮外景（东南—西北）

M1:115   M1:121

059

铜鼎

春秋时期
沂水纪王崮春秋墓（M1：115、121、127～129、
131、132）
口径 26.2～29.2、盖径 27.9～31、通高 27.5～29.1
厘米

M1 南器物箱出土 7 件，大小相近，形制略有差别。均
为平盖鼎，盖面中部有一桥状钮，周围均匀分布三个矩
形钮。鼎子口，鼓腹，大圜底，三蹄形足，附耳。矩形
钮外及附耳外饰点线纹。其中 5 件盖顶饰变形云雷纹，
上腹饰蟠螭纹；1 件盖顶及盖外缘饰蟠螭纹；1 件盖顶
及上腹饰较细的几何化蟠螭纹。

M1:129

M1：127   M1：128

M1：131   M1：132

060

华孟子铜鼎

春秋时期
沂水纪王崮春秋墓（M1：52）
口径 55.5、通高 59.5 厘米

盖面微隆，中部有一桥形钮，盖两侧内凹呈"山"形
与鼎耳相扣接，另两侧有对称的不规则形錾。鼎平折
沿，方唇，鼓腹微垂，大圜底，粗壮蹄足，立耳外撇。
腹上周饰六个扉棱及两周窃曲纹，足根部饰兽首，耳
外侧饰吐舌龙纹。腹内壁铭文为："华孟子作中叚氏
妇中子媵宝鼎，其眉寿万年无疆，子子孙孙永宝用享。"

内壁铭文

内壁铭文拓片

鼎耳及腹部纹饰

足部

足部

沂水纪王崮 M1

M1：102

M1：116

M1：124

061

小铜鼎

春秋时期

沂水纪王崮春秋墓（M1：102、116、124、130、142）

口径 13 ～ 13.8、盖径 12.8 ～ 14、通高 12.2 ～ 12.4 厘米

M1 南器物箱出土 5 件，大小相似，形制稍有差别。除 M1：142 为平顶盖外，其余为平板盖，盖面中部有一桥形钮，M1：102、124、130、142 盖两侧内凹呈"山"形以与鼎耳相扣接。鼎平折沿，方唇，圆腹，圜底，三蹄形足，附耳近直（M1：116）或立耳稍外撇（M1：102、124、130、142）。M1：102、116、124、130 盖面、上腹饰一周吐舌龙纹或龙纹；M1：116、130 耳外侧饰吐舌龙纹；M1：142 盖面饰一周吐舌龙纹，上腹、耳外侧饰较细蟠螭纹；M1：130 足根饰中间带扉棱的兽面纹。

M1：130

M1：142

滕州大韩墓地 M43（南—北）

沂水纪王崮 M1 南器物箱（西—东）

062

铜汤鼎

春秋时期
沂水纪王崮春秋墓（M1：871）
口径 15.9、通高 31.9 厘米

平顶盖，盖面均匀分布三个矩形钮。鼎子口、圆肩、球形腹、圜底、蹄形足，附耳。耳外侧饰点线纹，腹饰三周凸弦纹及一周双阴线窃曲纹。

063

铜鼎

春秋时期
沂水刘家店子春秋墓（M1）
口径 53.4、通高 53.5 厘米

斜折沿、方唇、圆鼓腹、圜底、三蹄形足，两立耳外撇。下腹部饰一周凸弦纹，其上饰窃曲纹。

064

铜盖鼎

春秋时期
沂水刘家店子春秋墓（M1：12）
口径 31、通高 28.5 厘米

平顶盖，盖面中部有环钮，盖两侧内凹呈"山"
形以与鼎耳相扣接。鼎折沿，方唇，浅腹，圜底，
三蹄形足，立耳外撇。盖面、腹部均饰一周
吐舌龙纹和鸟纹。

065
铜鼎

春秋时期
滕州大韩墓地（M43：22）
口径 27.7、通高 37 厘米

盖呈弧形，盖顶有喇叭状捉手。鼎口微敛，方
唇，球形腹，圜底，三蹄形足，近长方形耳外撇。
盖及腹部各饰两周较宽凸弦纹，捉手顶及捉手
柱饰绚纹，耳内、外侧因锈蚀纹饰不清。

066

铜鼎

春秋时期
滕州大韩墓地（M43：24）
口径 30.1、通高 38.1 厘米

盖呈覆盘状，平顶，顶有三环状钮。鼎子口微敛，
方唇，球形腹，圜底，三蹄形足，近长方形耳
外撇。盖面从中心向外依次饰涡纹、蟠虺纹、
叠压短线纹、三周直角填充式变形蟠螭纹和倒
三角纹；鼎上腹饰一周直角填充式变形蟠螭纹，
腹中部饰一周凸弦纹，下腹分别饰一周简化直
角填充式变形蟠螭纹和一周倒三角纹，耳四面
及上面分别饰斜角云纹和雷纹。

067

铜鼎

春秋时期
曲阜老农业局遗址（M6：11）
口径 25、通高 37.3 厘米

覆盘形盖，盖顶近平，盖面均匀分布三环钮。
鼎子口，深鼓腹，大圜底，三蹄形足，两附耳。
与足根对应的鼎身处有羊角形装饰。

068
铜鼎

春秋时期
曲阜林前村墓地（M712：3）
口径 28.5、通高 26 厘米

窄折沿，方唇，浅腹稍鼓，圜底，三蹄形足，
两立耳外撇。腹部饰一周由细阴线组成的
重环纹，下腹饰一周凸棱。

069

铜鼎

春秋时期

曲阜林前村墓地（M711：5）

口径 22.5、通高 30.5 厘米

盖母口，平顶，盖面均匀分布四个兽钮，作卧羊状。鼎子口，深腹稍鼓，圜底，三蹄形足，上腹有对称附耳。腹部饰两周绹纹，其间饰变形窃曲纹。

070

铜鼎

春秋时期
莒南大店春秋墓（M1：12）
口径29、通高35.7厘米

覆盘形盖，盖面稍隆起，中部有一圆环，盖缘有三个兽形钮。鼎直口，口外有一周宽凸棱以承盖，深圆腹，圜底，三蹄形足细长外撇，上腹部两附耳外撇。器身、盖饰极简化"S"纹，足根饰兽面纹。

071

铜鼎

春秋时期
临沂凤凰岭东周墓（坑：6）
口径 26.2、通高 22.7 厘米

子口，平唇，浅鼓腹，圜底，三蹄形足，
上腹部两附耳微外撇。腹部饰一周吐舌
龙纹。

072

铜鼎

春秋时期
郯城大埠村遗址（M1∶1）
口径 35.4、通高 31 厘米

侈口，窄折沿，方唇，浅弧腹，圜底，三蹄
形足，立耳略外撇。耳外侧饰"S"形纹，
上腹饰一周龙纹。

073
铜鼎

春秋时期
滕州薛国故城（M101：32）
口径 14.7、通高 19.2 厘米

弧顶盖，盖面均匀分布三环钮。鼎子口微敛，圆腹，圜底，三瘦高蹄足，上腹部两附耳外撇。盖、器腹均饰龙纹和凤纹。

074
铜鼎

春秋时期
滕州薛国故城（M178：23）
口径 24、通高 15 厘米

窄斜沿，方唇，下腹稍垂，大圜底，三个锥状小矮足，沿上有两绚纹立耳。

075
铜盖鼎

春秋时期
滕州薛国故城（M152：1）
口径 25.5、通高 35 厘米

弧顶盖，盖面有圆形镂孔捉手。鼎子口微敛，
圆鼓腹，近平底，三粗壮蹄足，两附耳。盖
面、腹、耳内外侧均饰蟠螭纹。

076

铜鼎

春秋时期
临朐杨善公社水利工程出土
口径 23.5、通高 24.5 厘米

平顶盖，盖面中部有条状方形钮，周围均匀分布三个矩形钮。鼎子口，鼓腹，圜底，三蹄形足，上腹两附耳。盖面、腹饰一周龙纹，耳及矩形钮外侧均饰点线纹。

077

铜甗

春秋时期
沂水刘家店子春秋墓（M1∶101）
甑口径 35.2、高 27 厘米，鬲口径 14.5、高 23.5 厘米，
通高 49 厘米

分体甗。甑卷沿，斜方唇，斜深腹微鼓，底有放射状箅孔，底以下呈管状以与鬲凹槽相扣合，沿下有双附耳，腹部有环状钮。腹部自上而下分别饰龙纹、垂鳞纹、内填垂鳞纹的倒三角纹。鬲槽形口，圆肩，鼓肩，三柱状足。肩部饰一周窃曲纹。

078

铜甗

春秋时期

沂水纪王崮春秋墓（M1：48）

甑口径27.9、底径12.3、高22.8厘米，口径14.5、鬲高20.2厘米，
通高40.7厘米

分体甗。甑折沿稍斜，方唇，长颈，鼓腹，底有长条向心形箅孔，
底以下呈管状以与鬲凹槽相扣合，颈部有一附耳。颈部饰两周垂
鳞纹，腹上部饰一周凸棱，附耳外侧饰鳞纹。鬲平折沿，方唇，
矮束颈，斜耳，圆肩，鼓腹，弧裆，蹄形足。素面。

079
铜甗

春秋时期
滕州大韩墓地（M43：23）
甑口径 31.6、鬲口径 18.1、通高 44.2 厘米

分体甗。甑为侈口，折沿，方唇，直颈，鼓腹，底有
长条向心形箅孔，颈部有两对称方耳。颈部上、下分
别饰重环纹和蟠虺纹，腹上部从上至下分别饰弦纹、
蟠虺纹及倒三角纹，三角纹内饰简化兽面纹，耳内、
外侧分别饰蟠螭纹和斜角云纹。鬲为侈口，平沿，方唇，
斜矮颈，圆肩，弧裆，三蹄形足，肩上有斜耳。鬲腹
部饰两周凸弦纹。

080

铜甗

春秋时期
临沂凤凰岭东周墓（坑：9）
甑口径 30.5、通高 43.5 厘米

分体甗。甑窄折沿，方唇，束颈，颈部有一对外撇附耳，圆鼓腹，甑底为圆形箅，箅孔为放射状长条形孔，甑底以下呈管状以与鬲凹槽相扣合。甑耳内侧饰蟠螭纹，耳外侧、颈部饰变形龙纹，腹部自上而下分别饰绚纹、变形龙纹及倒三角纹。鬲盘口，束颈，颈内侧有一周沟槽，肩部两斜耳外侈，圆鼓腹，腹有一对称环耳，圜底，蹄形足。腹壁外侧饰两周凸弦纹，蹄足根部饰兽面纹。

081

铜鬲

春秋时期

沂水刘家店子春秋墓（车马坑：1）

口径 23、通高 25.5 厘米

平顶盖，稍隆起，盖面中部有长方形钮。鬲侈口，折沿，圆唇，鼓肩，高裆，三足，足跟较平。肩部及盖面均饰一周窃曲纹。

082

铜鬲

春秋时期

滕州薛国故城（M110：1）

口径 10.7、高 10.5 厘米

侈口，斜折沿，方唇，束颈，腹较深，向下斜直，弧裆，三尖状足。素面。

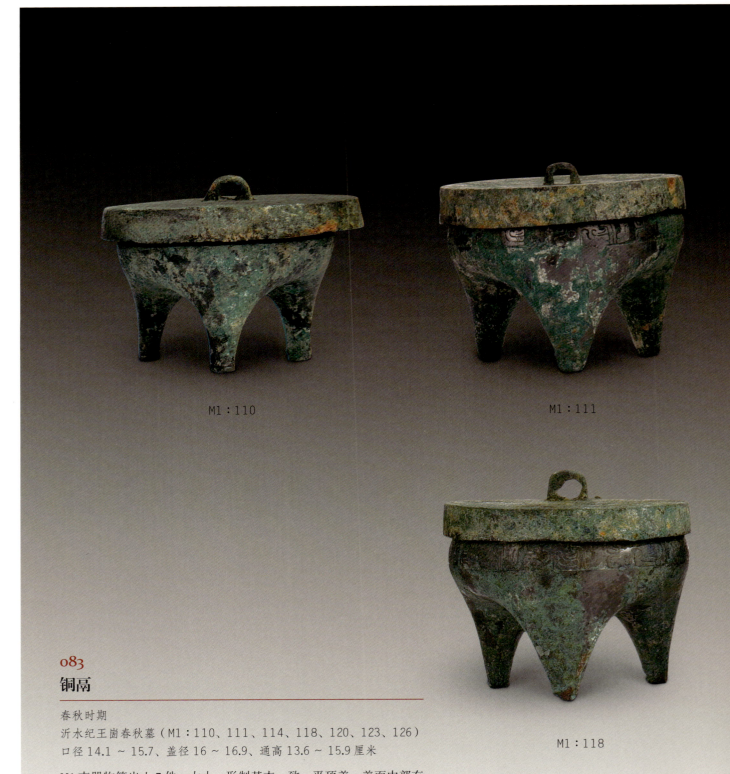

M1:110

M1:111

M1:118

083

铜鬲

春秋时期

沂水纪王崮春秋墓（M1：110、111、114、118、120、123、126）

口径 14.1 ~ 15.7、盖径 16 ~ 16.9、通高 13.6 ~ 15.9 厘米

M1 南器物箱出土 7 件，大小、形制基本一致。平顶盖，盖面中部有
一桥状钮。折沿稍斜或斜折沿，方唇，耸肩，弧裆。M1：110 盖面
饰云雷纹；M1：111、118、120、123 盖面饰云雷纹，肩部饰吐舌龙纹；
M1：114 肩部饰吐舌龙纹；M1：126 盖面内圈饰一动物纹，向外依
次为绹纹、变形龙纹、三角形垂叶纹，肩部饰吐舌龙纹。

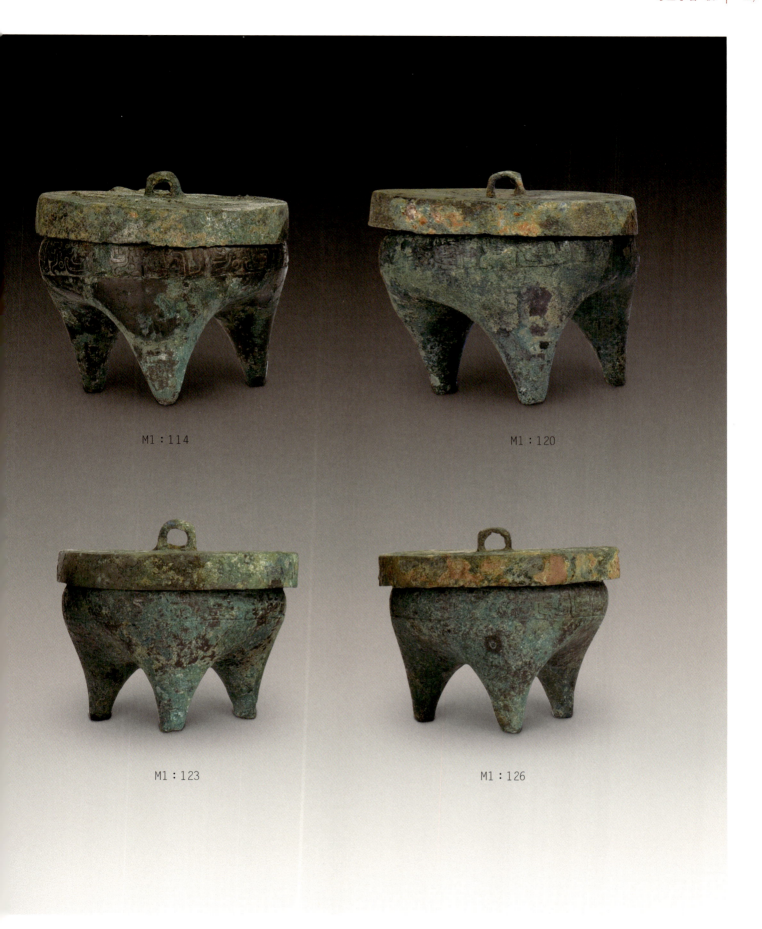

M1：114

M1：120

M1：123

M1：126

084

铜鬲

春秋时期
平邑城子遗址
口径 15、高 12.1 厘米

侈口，斜折沿，圆唇，束颈，肩部稍鼓，
三尖状足。颈部饰一周简化龙纹。

085

铜簋

春秋时期
沂水刘家店子春秋墓（M1：25）
盘径 24、足径 17.7、通高 35.4 厘米

M1 同出 7 件，形制相同。半球形盖，盖顶有八瓣镂孔
莲状捉手，盖沿有四枚兽首小卡钮。簋折沿，方唇，浅盘，
喇叭形圈足。盖面分别饰三角纹、鳞纹、蟠螭纹各一周，
圈足饰蟠螭纹、镂孔鳞纹各一周。盘底有"公媵"铭文。

086

铜簠

春秋时期
临沂凤凰岭东周墓（坑：10）
长 31.2、宽 23.5、通高 20.7 厘米

长方体，盖、器相扣，形制基本相同。器为直口，
方唇，折腹，上腹直壁较短，下腹斜收，较长，
全蹼足，器、盖两端腹部各置一兽首耳。盖口共
有六个兽首形卡扣，与器相扣。簠上、下腹饰细
密蟠螭纹，足上则饰作镂孔缠绕的蛇纹。

087
铜簠

春秋时期
平邑城子遗址
口长 28.8、宽 23 厘米，足长 18、宽 14.8 厘米，
通高 17.9 厘米

长方体，盖、器相扣，形制基本相同，唯盖四周边
缘居中有兽首卡扣、盖顶未见纹饰。器宽平折沿，
方唇，斜直腹，平底，凹蹼足，器、盖两端腹部各
置一兽首形耳。器、腹近口沿处各饰一周窃曲纹，
近圈足处饰一同变体龙纹，圈足则各饰一周窃曲纹。

088

铜敦

春秋时期
滕州薛国故城（M147:5）
口径 23.2、底径 13.2、通高 18.9 厘米

弧顶盖，平沿，方唇，盖顶有圆形捉手，盖
沿有两个兽首形卡扣。盖缘饰一周 "S" 形纹，
捉手内缘饰一周云纹，盖捉手中部有一龙纹。
器平沿，方唇，束颈较长，深腹，大平底，
腹部两侧有对称环耳。

089
铜敦

春秋时期
滕州薛国故城（M152：7）
口径 19.5、通高 16.9 厘米

盖面圆隆，盖面均匀分布三个环钮。器子口，扁圆腹，圜底，三蹄形足，上腹有对称环耳。盖面饰两周、腹部饰一周变形龙纹，龙角、龙尾上有阴线装饰。

090
铜敦

春秋时期
临沂凤凰岭东周墓（坑：42）
口径 20.2、底径 13.6、通高 16.9 厘米

盖母口，盖面隆起，平顶，盖面有对称环钮。器子口，鼓腹，大平底，口沿处各有对称环耳。素面。

091

铜敦

春秋时期
莒南大店春秋墓（M1：15）
口径 22.2、底径 14、通高 19 厘米

覆钵形盖，盖面圆鼓，盖面有三个环钮。
器子母口，浅弧腹，小平底。盖沿、口沿
各有两个对称的环钮。盖沿、口沿各饰一
周蟠螭纹。

092

铜敦

春秋时期
临朐杨善公社水利工程出土
口径 18.3、通高 19 厘米

隆顶盖，盖面均匀分布三蹄足钮，盖沿
均匀分布三小扣钮。器侈口，折沿，薄
方唇，束颈，弧腹，圜底，三蹄形足，
腹部有对称环耳。盖面和腹部饰乳丁纹。

093
铜豆

春秋时期
曲阜老农业局遗址（M6：19）
口径 17.8、足径 10.8、通高 24.3 厘米

弧顶盖，花瓣形捉手。器子口，微卷沿，扁圆腹，
粗矮柄，花瓣形圈足，腹部两侧有对称环耳。
盖上有两周、器腹部有两周、柄部有一周蟠螭纹，
花瓣形圈足及捉手上亦有蟠螭纹。

M1 : 105

M1 : 104

M1 : 106

094

铜铺

春秋时期

沂水纪王崮春秋墓（M1：101、103 ～ 108）

口径 23.9 ～ 26.1、足径 18.5 ～ 22.5、盖径 23.9 ～ 26、通高 32.9 ～ 33.8 厘米

M1 南器物箱出土 7 件，形制、大小略有差异。半球形盖，盖顶有八个花瓣形捉手，盖面四周均匀分布四个扉棱。器为浅平盘，斜折沿，方唇，直壁，平底，喇叭形圈足。盖顶及盖面分别有两周绚纹凸棱，花瓣、扉棱及圈足饰镂空蟠螭纹。盖顶、盖壁、盘壁两周绚纹凸棱之间及圈足宽凸棱上皆饰蟠螭纹。圈足上、下各有绚纹凸棱，中间有一较宽凸棱。

M1：108

M1：103

M1：101

M1：107

M1：104 局部

M1：104 器盖

M1：104 器盖

M1：107 局部

095

铜釜

春秋时期
滕州薛国故城（M6：22）
口径 17.9、通高 21 厘米

弧形盖，盖面均匀分布三环钮。器子口，
深腹稍鼓，平底，底部有三个小矮足，沿
下有对称环耳。腹部饰一周凸棱。

096

黄太子伯克盆

春秋时期
沂水刘家店子春秋墓（M1：41）
口径 22.3、底径 13.2、通高 27 厘米

覆钵形盖，盖顶有三虎形钮，盖面有一对铺首衔环，盖沿有四
个兽首卡钮。器敞口，斜沿，方唇，束颈，折肩，腹斜收，小
底内凹，肩两侧有兽首衔环耳。器盖、器身满饰多条蟠虺乳丁
纹带，纹饰带之间以绹索纹相隔。盖、底同铭，行款略有不同：
"隹正月初吉丁亥黄太子伯克作其䤾盆，其眉寿无疆，子子孙
孙永宝用之。"

盖内铭文拓片

097
铜罍

春秋时期
沂水刘家店子春秋墓（M2：11）
口径 22.7、足径 22.8、通高 54 厘米

盖微隆，盖面中部有一兽首捉手。器盘口，
直领，圆肩，斜腹，高圈足，肩腹相交处
有对称兽首环耳。腹部饰兽面环带纹。

098
铜钟

春秋时期

滕州大韩墓地（M43∶35）

口长径 13.4、短径 11、高 30.8 厘米

近直口，方唇，长束颈，溜肩，鼓腹，平底，肩部两侧有两对称竖环耳，腹部一侧有一竖环耳。腹部分别饰两周直角填充式变形蟠螭纹和一周直角变形蟠螭纹。

099
铜钟

春秋时期

曲阜林前村墓地（M711∶23）

口长径 7.8、短径 6.2、高 26.8 厘米

口与底横截面均呈圆角长方形，腹部横截面为椭圆形。近直口，短束颈，溜肩，长深腹，平底，肩部有对称环钮，腹部一侧亦有一环形钮。腹部上、下各有一周纹饰带，每个纹饰带分别有四个独立的纹饰单元、正背面各两个组成。上腹部的纹饰单元内是两龙纹并列，下腹部的纹饰单元为龙凤纹并列。

100

铜盉

春秋时期
沂水刘家店子春秋墓（M1：32）
口径 16.6、通高 21.8 厘米

敞口，方唇，束颈，圆鼓腹，弧裆，三近
柱状足。腹部一侧有短管状柄，与柄垂直
一侧有管状流。素面。

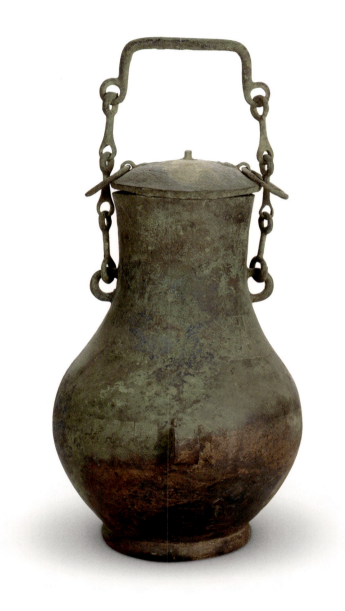

101

铜提梁壶

春秋时期
莒南大店春秋墓（M1：14）
口径 12、通高 43.5 厘米

盖子口，盖面微弧，两侧有对称环钮，钮下各有一衔环。
器口稍外侈，长颈，圆腹，圈足，颈下有对称环钮以承提链。
提链由提梁和链节组成，提梁两尾端外附环，为水平接环；
三节衔式双环链节，一节为顺式，二节为反式，以长梗串
联双环。盖、颈各饰一周蟠螭纹；颈、腹间饰蟠螭纹，内
填勾连雷纹；腹部饰兽纹和蟠螭纹。

102
铜壶

春秋时期
临朐杨善公社水利工程出土
口径 13.5、底径 18、通高 36.6 厘米

弧顶盖，盖面均匀分布三个云状钮。器口外侈，
粗长颈，垂腹，高圈足，下有高台座。颈部饰
波带纹，腹部饰正反波带纹。

103

铜公铸壶

春秋时期
沂水刘家店子春秋墓（M1：33）
口径 16.5、足径 23、通高 47 厘米

盖略隆，盖顶有两蟠龙捉手，龙昂首作盘旋追逐状。器口近直，长颈略束，腹外鼓略下垂，圈足较高，颈两侧有兽首衔环耳。颈部饰窃曲纹及混合龙纹凤纹各一周，腹部饰龙纹、龙凤纹及倒三角形纹各一周。壶腹有"公铸壶"铭文。

104

铜扁壶

春秋时期
沂水刘家店子春秋墓（车马坑：4）
口长径 11.6、短径 7.2、通高 13 厘米

俯视呈长椭圆形。隆顶盖，盖缘有两环耳与
器耳对应。器直口，扁腹，圜底，口沿有对
称贯耳，外底中部有小环钮。盖面饰两龙纹；
器上腹饰窃曲纹，下腹饰凤纹。

105

铜瓡壶

春秋时期

郯城大埠村遗址（M1：13）

口径 7、底径 6.8、高 24 厘米

近直口，长颈，鼓腹，矮圈足，一侧有一提梁，通过半环钮与器体连接。颈部饰一周窃曲纹，其下饰蟠螭纹，颈腹之间亦饰蟠螭纹，上腹部饰一周窃曲纹，其下饰鳞纹。

106
铜瓠壶

春秋时期
曲阜望父台墓地（M1：34）
口径 7.3、足径 8、通高 37.9 厘米

盖子口，其钮呈鸟形，有冠，双目圆形，张嘴，上唇碎裂，颈高昂，腹中空，双翅饰羽毛，短尾，整体呈蹲伏姿，尾下一环钮，连接提链。器直口，平沿，细长颈，鼓腹，矮圈足，肩部一侧有桥形钮以接提链。提链上连壶盖鸟尾下部环钮。提链由提梁和链节组成，提梁两尾端外附环，为水平接环；链节则为衔式双环顺式，以长梗串联双环。素面。

107
铜罐

春秋时期
莒南大店春秋墓（M2：12）
口径 4.9、底径 4.3、通高 6.5 厘米

平顶盖，子口，盖面微隆，中部有一小环钮，盖缘有两对称横置小钮，与器上两钮相对。器直口，圆肩，下腹内曲，矮圈足。肩部饰一周"米"字纹。

108

铜连体罐

春秋时期

郯城大埠村遗址（M1：11）

口径 13.8、底径 7.4、通高 9.4 厘米

两罐连体。盖子口，盖面微隆，中部有一环钮，
盖两侧有横置半圆形钮，其与器口沿上的钮相
对。器直口，方唇，腹正面鼓、背面平，平底。
器正面有龙形装饰将两罐分别鼓起的腹部相连。

109

铜提梁罐

春秋时期
沂水刘家店子春秋墓（M2：17）
口径7.8、足径9.5、通高9.5厘米

弧顶盖，器盖原有环形钮，残缺。器敛口，口沿内
折形成浅凹槽，方唇，圆肩，圆腹，矮圈足，肩部
有两对称小环钮。提链由提梁和链节组成，提梁两
尾端外附环，为水平接环；反式双环链节，以长梗
串联双环。器身、器盖饰简化的波带纹。

110

铜圜底瓶

春秋时期
沂水刘家店子春秋墓（M2∶10）
口径 10.5、通高 35 厘米

整体作球状。覆钵形盖，盖面中部一环钮。
器敛口，圆鼓腹，圜底。盖沿、器口沿处
均有对称贯耳。盖面及器上腹均饰吐舌龙
纹和凤纹。

111

铜盘

春秋时期
滕州薛国故城（M115：7）
口径 35.9、通高 10.5 厘米

窄平沿，方唇，浅腹，近平底，三蹄形足，腹部有对称附耳，耳上部外折。耳外侧饰蟠螭纹。

112

铜盘

春秋时期
滕州薛国故城（M139：34）
口径 36.2、底径 24、通高 11.05 厘米

窄平沿，方唇，浅腹，圈足外撇，腹部有附耳，附耳与盘口沿通过横梁相连接。腹部饰蟠螭纹，圈足饰垂鳞纹。

113

铜盘

春秋时期
沂水刘家店子春秋墓（M1∶98）
口径 46、足径 43、通高 12 厘米

平沿外折，方唇，浅腹，圈足，长方形
附耳，附耳两侧各有一伏虎。腹、耳均
饰相互缠绕的蛇纹。

114

铜盘

春秋时期
临沂莒南大店春秋墓（M1:18）
口径 43.5、底径 20.3、高 11.5 厘米

侈口，折沿，方唇，上腹近直，下腹斜直，
矮圈足。口沿下有对称环钮，各衔一环。
内壁饰两对称鱼纹和龙纹，内底饰蟠虺纹、
绚纹和鱼纹。

115

铜盘

春秋时期
曲阜林前村墓地（M712：8）
口径 31、高 7.5 厘米

窄平沿，方唇，浅盘，平底，三蹄形足，腹部
有两对称附耳。腹部饰一周重环纹。

116

铜匜

春秋时期
曲阜林前村墓地（713：□2）
通长 30、宽 19.5、通高 12.5 厘米

俯视近椭圆形。口微敛，口部一侧稍内凹，
与其相对的一侧沿上有扁平状鋬，兽首管状
流，流口略下垂，鋬缺失，深腹，圈底近平，
四卷身夔龙足。素面。

117

铜匜

春秋时期

沂水纪王崮春秋墓（M1：44）

通长 31.8、宽 17.5、通高 20.4 厘米

俯视近椭圆形。近筒状曲流，口微敛，腹微鼓，圈底近平，兽首蹄足，匜尾部饰一扇形鋬，鋬下一近方形钮。口沿及鋬上面饰龙纹及鸟纹，流下饰垂鳞纹；腹部饰倒三角纹，内填鸟纹及龙纹。

局部

局部

118

铜匜

春秋时期
滕州薛国故城（M114：11）
通长 23.3、宽 24.6、通高 10.8 厘米

俯视近瓢形。槽状流上翘，敛口，腹微鼓，平底，匜尾部有一环形钮。素面。

119

铜匜

春秋时期
滕州薛国故城（M144：1）
通长 34、宽 16.5、通高 20.3 厘米

俯视近椭圆形。槽状流上翘，口微敛，腹略鼓，圜底近平，四夔足，匜尾部有一龙形鋬。上腹及流下饰一周变形龙纹，龙双首、龙身相交处有乳丁状凸起。腹部饰瓦楞纹。龙形鋬口衔口沿，龙吻部突出，圆目，有瞳孔，双角高耸，龙尾自然上翘卷曲。

120

铜匜

春秋时期
滕州薛国故城（M177:17）
通长 29、宽 18、通高 9.4 厘米

俯视呈长椭圆形。兽首形管状流，口微敛，腹微鼓，大平底，蹄形足，匜尾部有环状钮。匜身长边一侧口部内凹，另一侧口部有长条状錾。

121

铜匜

春秋时期
滕州大韩墓地（M43:30）
通长 21.3、宽 16.8、通高 11.1 厘米

俯视近心形。兽首形管状流，敛口，腹微鼓，矮圈足，尾部有一环形钮兽首錾。

122

铜匜

春秋时期
平邑城子遗址
通长 18.3、宽 9、通高 10.5 厘米

"U"形流上翘，敛口，腹微鼓，圜底近平，四扁夔足，匜尾部有龙首鋬。沿下有一周变形窃曲纹。

123

铜匜

春秋时期

沂水刘家店子春秋墓（M2：14）

通长 49、宽 18.5、通高 22.5 厘米

兽首形管状曲流略下垂，敛口，浅腹稍鼓，圜底，四夔足，匜尾部有一兽形鋬。流下及腹部饰蛇纹。

124
铜舟

春秋时期
滕州薛国故城（M131：11）
口长径 14、短径 10、通高 7 厘米

长椭圆体。小卷沿，圆唇，鼓腹，平底。短边两侧腹部有对称小钮，长边两侧腹部有对称环耳。腹部饰三周浅凹槽，其间饰两周连续雷纹。

125
铜舟

春秋时期
滕州薛国故城（M139：28）
口长径 17.6、短径 12.2、通高 15 厘米

俯视呈长椭圆形。口微敛，腹微鼓，圜底，四环足，器身长边一侧内折，另一侧腹部有兽首状环耳。素面。

126

铜舟

春秋时期

滕州大韩墓地（M43：31）

口长径 14、短径 12.1、通高 14.5 厘米

盖面微弧，盖顶有三环形钮。舟口微侈，卷沿，圆唇，斜短颈，圆肩，收腹，平底，三蹄形足。盖顶钮内、外分别饰两周雷纹和变形蟠虺纹，腹部饰六周雷纹和变形蟠虺纹。

127

铜舟

春秋时期

曲阜林前村墓地（M722）

口长径 19.3、短径 12.7、通高 13.8 厘米

俯视近椭圆形。隆顶盖，盖面中部有一环耳。器小侈口，卷沿，圆唇，腹上部稍鼓，下腹稍内曲，平底，腹部有对称环耳。器内偏一侧有一隔板，上有数个圆孔。盖面中部有一展翅飞翔的鸟纹。

128

铜舟

春秋时期

曲阜望父台墓地（M15：1）

口长径 14.1、短径 11.3、高 6.6 厘米

俯视椭圆形。侈口，窄折沿，尖圆唇，鼓腹，平底，腹两侧有对称环耳。素面。

129

铜舟

春秋时期

曲阜老农业局遗址（M6：15）

口长径 20.3、短径 16、通高 16.6 厘米

整体呈长椭圆体。弧顶盖，顶部有花瓣形长方捉手。器子口，微卷沿，上腹鼓，下腹斜收，花瓣形方圈足，近口部有对称环耳。器身有细密蟠虺纹，圈足和捉手的花瓣形上均为蟠螭纹。

130

铜鉴

春秋时期
沂水纪王崮春秋墓（M1：53）
口径 61.2、底径 25.8、通高 30.5 厘米

侈口，折沿，方唇，沿面外缘外凸，束颈，颈下均匀分布四个兽首衔环耳，收腹，平底。颈部饰吐舌龙纹，腹上部饰二周勾连蟠螭纹，腹下部饰一周"S"形吐舌龙纹，衔环饰变形蝉纹。腹内壁铭文为："隹王正月初吉丁亥，邛白厚之孙驫君季□自作滥盂，用祀用飨，其眉寿无疆，子子孙孙永宝是尚。"

内壁铭文

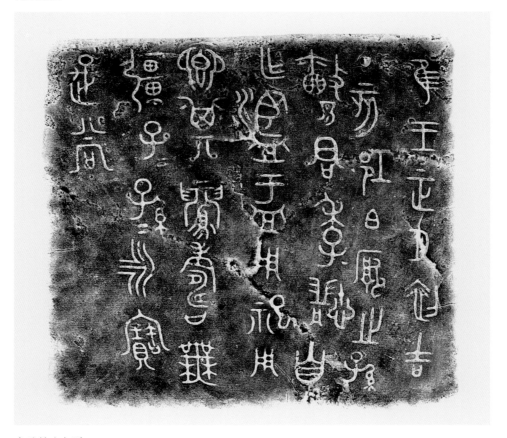

内壁铭文拓片

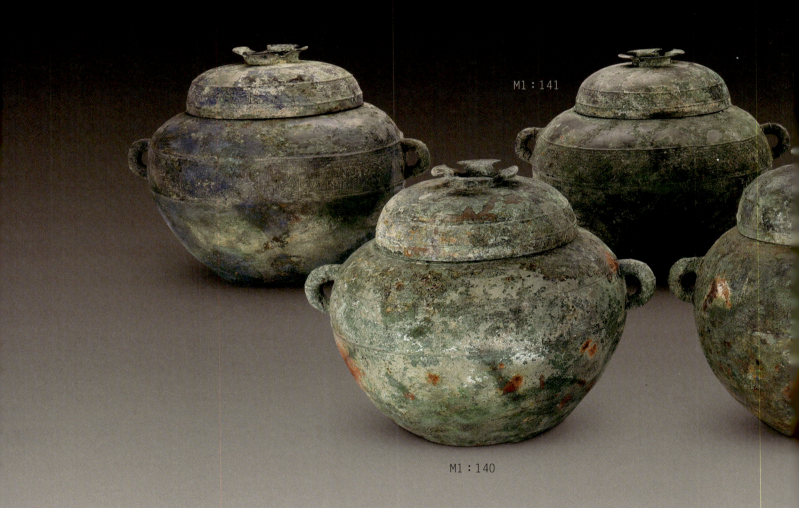

M1 : 141

M1 : 140

131
铜浴缶

春秋时期

沂水纪王崮春秋墓（M1：133、136、138～141、143）

口径 21.5～23.2、底径 17.6～18.8、盖径 24.1～25.2、通高 33.9～37.1 厘米

M1 南器物箱出土 7 件，大小、形制稍有差别。盖近半球形，盖顶有三或四瓣花瓣形捉手，每瓣花瓣或有近方形或者蹄形不规则形孔。器为近平折沿或斜折沿，方唇，斜束颈，圆肩，鼓腹，上腹有对称分布的竖形耳，平底内凹。盖每瓣花瓣边缘有绚纹凸棱，每耳有四或五周绚纹凸棱，盖及上腹各有两周绚纹凸棱，凸棱之间饰蟠螭纹。

M1：138

M1：143

M1：136

M1：133

132

铜浴缶

春秋时期
沂水刘家店子春秋墓（M1∶52）
口径 19、底径 15、通高 22.5 厘米

平顶盖，盖面中部有环钮。器侈口，
宽平沿，方唇，短束颈，圆肩，扁圆腹，
平底，腹部有两对称环形钮。素面。

133

铜钮钟

春秋时期
临朐杨善公社水利工程出土
舞修 10.7、舞广 7.6 厘米，铣间 13.2、鼓间 8.9 厘米，
通高 18.8 厘米

钟体呈合瓦形，上窄下宽，铣间为弧形。钮近长方形，
其横截面为半圆形，舞部平，钲部以阴线刻象征性
的枚三层，每层每面 6 枚，整个钟有 36 枚。篆部饰
龙纹。

沂水纪王崮 M1 北器物箱（西—东）

M1：20   M1：22   M1：21   M1：23

134

铜钮钟

春秋时期

沂水纪王崮春秋墓（M1：20～28）

舞修6～10.5、舞广5.1～9.8厘米，鼓间5.5～10.5、铣间7.4～12.5
厘米，通高13.1～24.3厘米

一套9件，形制相同，大小递减。钟体呈合瓦形，上窄下宽，两侧
微向外鼓，铣间为弧形。钮为长方形，中间有长方形孔。舞部平，
无纹饰。钲部有枚3层，每层每面4枚，整个钮钟共有24枚。篆
部饰重环纹，鼓部饰龙纹。钟的内部下缘处皆留有弧形凹槽。

M1：24   M1：25   M1：26   M1：27   M1：28

M1:5

M1:8

M1:4

135

铜甬钟

春秋时期

沂水纪王崮春秋墓（M1:4、5、7～9、11、13～15）

舞修 12.7～26.4、舞广 11.2～20.3 厘米，鼓间 10.5～21.6、

铣间 16.5～32.5 厘米，通高 32.1～58.6 厘米

一套 9 件，形制相同，大小递减。钟体呈合瓦形，上窄下宽，两侧近直，铣间为弧形。甬呈柱形，上细下粗，有旋，斡上下两侧呈直线，另一侧呈弧线，正视为长方形。舞部平，饰卷曲的对称龙纹。钲部有枚 3 层，每层每面 6 枚，整个甬钟共有 36 枚。篆部饰龙纹，正鼓部亦饰龙纹。有的甬钟内部下缘多处留有弧形凹槽。

M1:11

M1：13

M1：9

M1：7

M1：15

M1：14

136
铜镈钟

春秋时期
莒南大店春秋墓（M1：11）
舞修 22.8、舞广 18 厘米，铣间 28.3、鼓间 22.3 厘米，
通高 39.5 厘米

镈体呈合瓦形，上窄下宽，两侧微向外鼓，铣间为近平。钮为桥形，中间有桥形孔。舞部平。钲部有枚 3 层，每层每面 6 枚，整个镈共有 36 枚。篆部、舞部及正鼓部均饰龙纹，龙首简化，龙身以云雷纹表示。

137
铜镈钟

春秋时期
临朐杨善公社水利工程出土
舞修 11.7、舞广 9.8 厘米，铣间 14.4、鼓间 11.5 厘米，通高 21.7 厘米

镈体呈合瓦形，下端略宽，铣间平。近方形钮，舞部平，钲部有阴线刻象征性的枚三层，每层每面 6 枚，整个镈有 36 枚。篆部饰龙纹。

M1：17

M1：18

138

铜镈钟

春秋时期

沂水纪王崮春秋墓（M1：16～19）

舞修 25.4～30.8、舞广 19.7～25.2 厘米，铣间 30.2～38.6、鼓间 21.9～29.5 厘米，通高 42.5～51 厘米

一套 4 件，形制相同，大小递减，由大到小分别为 M1：17、18、16、19。镈体呈合瓦形，上窄下宽，两侧微向外鼓，铣间为弧形。钮为桥形，中间有桥形孔。舞部平，共 8 组纹饰，每组皆饰龙纹和鸟纹。钲部有枚 3 层，每层每面 6 枚，整个镈共有 36 枚。篆部、舞部及正鼓部均饰龙纹。

M1：16

M1：19

139

铜镈钟

春秋时期

沂水刘家店子春秋墓（M1：58）

舞修 25、舞广 20 厘米，铣间 31.3、鼓间 22.5
厘米，通高 41.5 厘米

一套6件，形制相同、大小递减。镈体呈合瓦形，
上窄下宽，两侧微向外鼓，铣间近平，钮为
桥形，中间有桥形孔，舞部平。钲部有枚 3 层，
每层每面 6 枚，整个镈共有 36 枚。舞部、篆
部皆饰龙纹，正鼓部饰龙纹和凤纹。

M1：1

M1：2

140

铜錞于

春秋时期
沂水纪王崮春秋墓（M1：1、2）
M1：1，下口长 19.8、宽 16.6、通高 40.4 厘米
M1：2，下口长 20.6、宽 16.3、通高 40.2 厘米

2件，形制相同，大小相近。圆首，顶部有绚纹环钮，平口外撇呈椭圆形，圆肩，无盘，束腰。腰部有一宽条带装饰。

141

铜錞于

春秋时期

沂水刘家店子春秋墓（M1∶94）

下口长 26、宽 19、通高 49 厘米

器身横剖面呈长椭圆形。圜首，顶部有绹纹环钮，
平口外撇呈椭圆形，圆肩，无盘，束腰。素面。

142

铜凤头斤

春秋时期
临沂凤凰岭东周墓（殉 4：12）
通长 20.7、通宽 11.6 厘米

凤首，有冠，鸟尾，斤从凤喙中吐出。
凤眼凸出，以浅浮雕和阴线纹饰结合方
式表现凤身纹饰，斤刃部圆钝，椭圆形銎，
銎内残存木柄。

143
铜戈

春秋时期
滕州薛国故城（1993 年 M1：19）
通长 26.7、内长 9.4、内宽 2.9 厘米

窄长援，援中腰略细，三角形锋，胡较长，
援本有一半月形穿，胡有两条形穿，有下阑
和侧阑，近长条形内略上翘，内后下端呈弧
形，上有长条形穿，内下端及后下端有刃。
胡部有"薛侯定之徙戈"铭文。

144
铜戈

春秋时期
滕州八一煤矿出土
通长 22.6、内长 6.6、内宽 3.2 厘米

圭首短援，上刃平直，下刃内弧，短胡，
尾端平直，长条形内。胡部三穿，内上
一穿，阑与内之间有一兽首。

145
铜矛

春秋时期
临沂凤凰岭东周墓（坑：56）
通长 30.7、宽 5.7 厘米

长窄叶形，尖锋锐利，中腰两侧缘内弧，
脊凸起成棱，骹略呈椭圆形，骹上圆形孔，
尾部有半圆形双尾叉。通体饰菱形暗纹。

146
铜剑

春秋时期
滕州薛国故城（M139：23）
通长 34.5、宽 3.6 厘米

剑身柳叶形，近圆柱起台式剑首，剑首中空，圆茎略有脊，中部脊线明显。

M101：34

M101：35

147
铜车害

春秋时期
滕州薛国故城（M101：34、35）
害口外径 8.8、害尾外径 5、通长 8.2 厘米

害口起薄台呈喇叭形，后段呈管状，近末端有一周绚纹凸棱。害身饰有重环纹装饰的龙纹。

148

铜筒帽

春秋时期
莒南大店春秋墓（M1）
口径 7.1、高 17.7 厘米

筒状，末端封闭稍凸，近口端有两周凸
棱，上饰短斜线纹。仅末端有 3 个均匀
分布的"凸"字形素面区域，上各有一穿，
其余部位满饰凸羽状纹，羽状纹上均有
短斜线装饰。

149
井字形铜器

春秋时期
莒南大店春秋墓（M1）
通长 7.4、宽 7.3、通高 2.7 厘米

同出 2 件。4 个 "<" 形条状铜棍交叉呈 "井"
字形，中间有竖向的圆管，中空，似为鐏。

150
铜兽形饰件

春秋时期
莒南大店春秋墓（M1：36）
通长 4.6、宽 2.9、通高 4 厘米

同出 3 件。作卧伏兽形，中空，底有一圆孔，
似为杖首。前首后尾，圆身，背有三个棘突。
首部目、口、鼻等清晰，呈浮雕状。兽身
满饰纹饰，前部为鳞纹，后背和腹部为成
组卷曲的粗阳线纹。

151
铜锁形器

春秋时期
莒南大店春秋墓（M1）
通长 16.2、宽 8.3 厘米

居中为双翼兽并列，浮雕状，中有一圆孔，
外有三角形小孔。兽口和翼外侧均有圆孔、
衔轴。轴可上、下移动，轴头有一张口蛇。

152
铜盖斗

春秋时期
莒南大店春秋墓（M1）
鋬口径 3.7、通高 13.2 厘米

蘑菇状，顶略凸，下接筒形柄，帽有方
形孔 14 个。帽缘下饰蟠螭纹一周，柄饰
三角雷纹和凸羽状纹。

153
铜凤尾饰件

春秋时期
沂水刘家店子春秋墓
通长 29、宽 13.9、牛首最宽 3.5 厘米

牛首长尾，除牛首外，通体作镂空片状。

［肆］
战 国

———

　　战国时期青铜器出土地点变少，主要有长清岗辛，临淄商王墓地、相家庄墓地、郎家庄，诸城臧家庄，新泰周家庄，泰安东更道村，滕州薛国故城遗址、大韩墓地等。

　　青铜器器类主要有鼎、敦、豆、簠、舟、釜、盒、鉴、盆、耳杯、盘、匜、樽、卮、洗、戈、戟、剑、矛等。战国时期，青铜礼器系统还保存，但至战国后期，传统礼器逐渐向实用器转化。乐器组合同春秋时期。铜器以素面为主，纹饰主要有弦纹、蟠螭纹、蟠虺纹等。

　　战国时期齐国铭文仍可见到颂扬先祖、祝愿家族昌盛的内容。同时，战国前期铭文出现法律条文的内容，而战国后期铭文往往涉及"物勒工名"等。

154

铜鼎

战国时期
临淄东夏庄墓地（M5∶84）
口径 19、通高 32 厘米

覆盘形盖，盖缘均匀分布三个带"葫芦"突环钮。器子口，深腹，平底，三蹄形足略显瘦高，长方形附耳略外撇。腹部饰一周凸棱纹。腹、足有烟炱痕迹。盖内有铭文10字："宋左大师罧左庖之鳞鼎"。

155
铜鼎

战国时期
临淄东夏庄墓地（M5：86）
口径 23.3、通高 30.5 厘米

平顶盖，盖面中部有一方形钮，周围均匀
分布三个矩尺形钮。器子口，腹稍鼓，圜底，
三蹄形足，两附耳。腹部居中有一凸棱。

156
铜鼎

战国时期
滕州庄里西遗址（M34:3）
口径 29.2、通高 30.6 厘米

窄平沿，方唇，圆腹，圜底，三细足外撇，
口沿有两小立耳。耳饰绚纹。

157
铜鼎

战国时期
滕州大韩墓地（M39:12）
口径 29.7、通高 43.5 厘米

弧形盖，盖顶有带乳凸的三环形钮。器子口，
圆方唇，球形腹，圜底，三蹄形足，近长
方形耳外撇。腹部饰一周较宽凸弦纹。

滕州大韩墓地 M39（北—南）

158
铜簠

战国时期
滕州大韩墓地（M39:6）
口长 29.2、宽 22 厘米，圈足长 29.2、宽 21.2 厘米，通高 19.6 厘米

直口，无沿，方唇，折腹，上腹直壁较短，下腹斜，稍长，平底，高全蹼足，器盖两端腹部各置一兽首形耳。盖顶、器腹部饰蟠虺纹，蹼足中部饰绚纹。

159
铜敦

战国时期
临淄东夏庄墓地（M5:94）
口径 13.8、通高 17.4 厘米

器、盖基本同形，合成球形。盖为母口，器为子口。盖、身口沿上下各有两环耳，足及盖钮均为环钮。盖口、腹部饰勾连雷纹，顶部有圆形阳线圈，内填变形龙纹，阳线圈边缘均匀分布六个叶状纹饰，其内填变形龙纹。器口、腹部均饰勾连雷纹。所有纹饰均以算点纹为底。

160

铜敦

战国时期

临淄相家庄墓地（M6:6）

口径 19、通高 30 厘米

器、盖均呈半圆形，合成球形。盖作母口，盖面均匀分布三个鸟形环钮。口沿下有对称环耳，底部有三环形钮足，下附钩状小足。盖口沿、腹部、顶面及器口沿、腹部均有数周浅凹槽。

161

铜豆

战国时期
临淄东夏庄墓地（M5：93）
口径 15、足径 16.4、通高 47.8 厘米

半球形盖，盖面均匀分布三环钮。器子口，
半球形腹，细长柄，喇叭形圈足，圈足底
起小台，腹部有对称环形竖耳。柄部上、
下各饰三周凹弦纹。

162

铜盖豆

战国时期
临淄相家庄墓地（M6：7）
口径 19.4、足径 18.4、通高 51 厘米

弧顶盖，盖面均匀分布三个鸟首环形钮。
器子口，方唇，深腹，细高柄，喇叭形圈足，
腹部有对称环耳。盖有三组、器有两组、
柄上有三组、圈足上有一组弦纹。

163

铜盖豆

战国时期
临淄东夏庄墓地（M5∶8）
口径 13.8、足径 14.5、通高 43.5 厘米

半球形盖，盖面均匀分布三环钮。器子口，
深腹，细长柄，喇叭形圈足，圈足底起小台，
腹部置对称环形竖耳。素面。

164

铜盖豆

战国时期
滕州大韩墓地（M39∶17）
口径 18.3、足径 11.6、通高 31.2 厘米

覆碗式盖。器子口，方唇，圆鼓腹，高柄，
喇叭形圈足，圈足底起小台，腹部有对称
环形竖耳。圈足台面有一周凹槽。

165
铜莲花盘豆

战国时期
临淄相家庄墓地（M6：24）
口径 27.6、足径 19.7、高 41.4 厘米

莲花形口外侈，浅盘，细高柄，柄下部有
一周凸棱，喇叭形圈足。通体素面。

166
铜缶

战国时期
临淄东夏庄墓地（M5：98）
口径 16.4、底径 15、通高 30.5 厘米

隆顶盖，子口，盖面中部均匀分布三个环钮。
器平沿，方唇，高束颈，圆肩稍鼓，深腹，
高圈足。素面。

167
铜鸭形尊

战国时期
临淄相家庄墓地（M6：19）
长 40.6、通高 18.8 厘米

有盖，盖顶一鸟形钮。整体鸭形，头、颈前伸，长
嘴衔鱼，深圆腹，两足分立，短尾、尾下有环形錾，
鸭背有凸字形长方形注水口。鱼腹部中空，鱼、鸭
的颈、腹相通。向外的一侧有两排 16 个出水孔，
水经过鸭颈从鱼腹的出水孔喷出。鸭眼、翅、尾及
盖钮镶嵌绿松石饰，细部表现细致。

168
铜钫

战国时期
临淄张家庄战国墓（M1：92）
口长径 8、短径 7.8、底径 7.8、通高 24.2
厘米

盖子口，呈四面坡状，小平顶，盖面有四个
卷云钮。器口近直，窄平沿，方唇，短颈，
溜肩，鼓腹，小圈足。腹两侧有铺首。

169
铜提梁壶

战国时期
滕州大韩墓地（M39：8）
口径 8.2、足径 8、通高 37.1 厘米

盖子口，盖面微弧，两侧有对称环钮，钮下各有
一衔环。器直口，方唇，长颈，溜肩，鼓腹，平底，
矮圈足，肩部外侧有对称环钮以承提链，腹部亦
有对称环形钮。盖面内圈饰绹纹，向外依次为蛇
纹和两周三角形雷纹；壶颈、腹部纵横各饰四周
和四条草叶状附加堆绳纹，横、竖附加堆绳纹交
织而形成套结，可称络纹。

171

铜提梁壶

战国时期

临淄东夏庄墓地（M5：107）

口径 10.2、足径 13、通高 41 厘米

弧顶盖，子口，盖缘有两个衔环小桥形钮。器口微侈，粗长颈、扁圆腹、矮圈足，颈部两侧有对称的柱形榫。提链由提梁和链节组成，提梁两尾端外附环，为水平接环；提梁两侧各有一段衔式双环顺式链节，以长梗串联双环。素面。

170

鹰首铜壶

战国时期

临淄相家庄墓地（M6：12）

口径 9.3、足径 13.6、通高 43.5 厘米

弧形盖，作鹰首形，有喙与器口喙状流相合，喙能启闭。盖下有子口与器口套合。盖沿一对套环钮。器小口微侈，有喙状流，长颈、垂肩、鼓腹、圈足，颈部有两个对称铆钉状耳。器耳各套一"S"形链，穿过器盖双环与提梁相接。

172

铜壶

战国时期

临淄张家庄战国墓（M1∶53）

口径 10.2、足径 12.5、通高 35.2 厘米

隆顶盖，子口，顶面均匀分布三卷云钮。器
侈口，束颈，溜肩，圆深腹，高圈足，腹部
有对称铺首衔环。

173

铜罐

战国时期

临淄东夏庄墓地（M5∶113）

口径 5.8、底径 6.4、高 9.5 厘米

短直口，方唇，溜肩，圆鼓腹，平底，
肩部有两对称环钮。素面。

174
铜罐

战国时期
临淄东夏庄墓地（M6∶16）
口径 14.6、高 24.3 厘米

小盘口，方唇，短颈，折肩，近球形腹，
圜底。素面。

175
铜盆

战国时期
临淄张家庄战国墓（M1∶K101）
口径 25.2 ~ 26、底径 16.5、高 9.2 厘米

直口，折腹，平底。素面。

176

铜盒

战国时期
临淄张家庄战国墓（M1：98）
口径 25.2、通高 17.5 厘米

上下两部分形制基本相同，唯盖稍大，
与器呈子母口扣合。上下两部分均直口，
浅腹，圜底近平。素面。

177

铜匜

战国时期
滕州大韩墓地（M39：54）
通长 22.8、宽 20.9、通高 9.8 厘米

槽状流，口微敛，腹微鼓，平底，底呈椭圆
形，匜尾部有一环形钮。流饰呈轴对称分布的
两鱼纹，鱼首均朝向器内，内壁与内底满布线
刻纹；流与器身连接处刻绘基本横跨流根部的
纹饰带，纹饰带上、下边缘线基本平行，内均
匀填 27 组波状双线纹，其下器壁通壁刻绘基本
呈轴对称分布的两鸟纹，鸟尾部相接，回首；
另外三面器内壁各通壁刻绘一鸟纹，三鸟纹首
尾相接；内底刻绘两交绕蛇纹，基本占据整个
器内底，任意一蛇纹基本为另一蛇纹中心旋转
180°。

178
铜匜

战国时期
临淄相家庄墓地（M6：4）
通长 8.7、高 4.1 厘米

俯视作瓢形。"V"形敞口短流，口微敛，腹略鼓，尾部无錾。

179
铜鹰首匜

战国时期
临淄张家庄战国墓（M1：56）
通长 17.8、宽 15.8、通高 9.5 厘米

俯视呈心形。流作鹰首状，口微敛，浅腹，尾部稍内折，椭圆形圈足。素面。

180

铜舟

战国时期
临淄张家庄战国墓（M1：K90）
口长径 21.2、短径 17.4、通高 14.1 厘米

俯视呈方椭圆形。盖略隆起，盖面均匀分布四
环钮。器子口，上腹外鼓，下腹曲内收，矮圈
足，腹部两侧有两对称环耳。

181

铜舟

战国时期
临淄东夏庄墓地（M5：105）
口长径 16.8、短径 13.3、通高 14.7 厘米

器呈方椭圆形。盖微鼓，盖面均匀分布三环钮。
器子口内敛，腹部稍鼓，平底，腹部有对称
环耳。素面。

182

铜舟

战国时期
长清岗辛战国墓（M1：7）
口长径 22.5、短径 19.3、通高 16.5 厘米

器呈方椭圆形。隆顶盖，盖面平，盖缘均匀分
布四个鸟形环钮。器子口，深腹，平底，腹两
侧有对称环钮。

183
铜鉴

战国时期
滕州大韩墓地（M39：28）
口径 54.2、底径 30.1、高 27.8 厘米

侈口，折沿，方唇，束颈，弧腹，平底，颈
及上腹两侧有两个对称兽首形衔环耳。颈部
及腹部饰蟠虺纹，兽首形衔环外侧饰草叶纹。

184

铜浴缶

战国时期

滕州大韩墓地（M39：40）

口径 21.9、底径 21、通高 32.2 厘米

盖面呈弧形，盖顶有三环钮。器近直口，平折沿，方唇，直颈，圆肩，弧腹，平底，肩两侧有对称环耳。素面。

185
菱形纹铜剑

战国时期
平度东岳石墓地（M16：1）
通长 61.7、宽 5.1、剑首直径 2.4 厘米

同心圆纹剑首，柱茎，上有双箍，宽格，长剑身，
横截面呈菱形，线形脊，前锋内收。剑身饰菱
形暗纹，剑格镶嵌绿松石。

186

实心铜明器

战国时期
长清岗辛战国墓（M1）
铜鼎 M1：12，口径 7.8、高 4.5 厘米
铜壶 M1：23，口径 7.2、高 12.3 厘米
铜钫 2 件，M1：13、14，口径 3.2，足径 4、高 13.7 厘米
铜罐 M1：15，口径 4.7、高 7.5 厘米
铜盒 4 件，M1：9 ~ 16，边长 8.8、边厚 2、通高 3.3 厘米
铜盘 M1：20，口径 9、高 1.8 厘米
铜匜 M1：21，通长 9.5、高 3.5 厘米

7 组（共 11 件），均为实心，内有范土。器形较小，造型简洁。素面。

187

铜量

战国时期
临淄永流乡刘家庄西南（刘家庄铜量 1）
通长 24.2、口径 13.9、底径 10.2、高 10.1 厘米

带柄圆斗状。敞口，平沿，斜腹，平底，一侧有圆柱形长柄，与器相连接处顶面有一方形铸片，上端跟器沿齐平。素面。腹部阴刻"槃宫乡槃里"铭文。

188

铜量

战国时期
临淄永流乡刘家庄西南（刘家庄铜量 2 ）
通长 14.8、口径 8.1、底径 5.7、高 6.1 厘米

带柄圆斗状。敞口，平沿，斜腹，平底，一侧有圆柱形长柄，与器相连接处顶面有一方形铸片，上端跟器沿齐平。素面。腹部阴刻"枲宫乡㳠里"铭文。

189

铜餐饮器具

战国时期

临淄张家庄战国墓（M1）

铜壶 1 件，最大径 24.1、足径 15.5、通高 24.5 厘米

铜碗 4 件，口径 22.5、高 8.3 厘米

铜折沿盘 9 件，口径 20.6、高 4.3 厘米

铜花边盘 6 件，口径 17.5、高 3.5 厘米

铜碟 10 件，口径 20.9、高 4.2 厘米

铜碟 10 件，口径 9.6、高 1.8 厘米

铜盒 10 件，口径 15.4、高 4.2 厘米

铜耳杯 10 件，口长径 10.8、短径 10.1、高 2.2 厘米

一套共 60 件。有壶、碗、盘、碟、盒、耳杯等，器物均叠放壶内。

（此套摄影者：阮浩）

190

铜勺

战国时期
临淄张家庄战国墓（M1：K100）
通长 20.3、宽 7 厘米

椭圆形斗，敞口，略束颈，深腹，圜底。长柄，
竹节状，上饰云纹、鳞纹。

191

铜簸箕

战国时期
临淄张家庄战国墓（M1：197）
通长 29、宽 34.6、通高 8.8 厘米

呈大口簸箕状。敞口，斜腹，平底，尾
部有一带环环钮。

192
刻纹铜片

战国时期
平度东岳石墓地（M16：60）
左：通长 10、宽 9.2 厘米
右：通长 7.8、宽 6.5 厘米

2 片或为一件铜匜的残片，均较薄。内壁錾刻有鸟、树木、人物、三角等图案和纹饰。

汉 代

——

　　青铜器出土数量和种类大大减少。出土地点主要有曲阜九龙山汉墓、长清双乳山汉墓、章丘洛庄汉墓和平陵城、临淄齐王墓随葬器物坑、平度六曲山墓群、巨野红土山汉墓等。

　　青铜器器类有鼎、锺、钫、壶、盆、扁壶、灯、熏炉、镜、带钩、镇、印章、镇墓兽、编钟、镎于、戈、戟等。西汉后期，青铜礼器逐渐消失，实用器涌现，铜器进入实用器阶段。纹饰以素面为主，西汉前期还有云纹、蟠虺纹、几何纹及错金银工艺等。后期则出现云气纹、柿蒂纹、锦纹、锯齿纹及写实动物纹等纹饰。

　　汉代的青铜器铭文多只限于记录制作的地点、机构、人员，器物的名称、容积、重量，置用的场所、编号等项，比之战国中晚期"物勒工名"的格式更为详细和规范。

193
铜车軎

汉代
曲阜九龙山汉墓（M3：75-1、75-2）
M3：75-1，軎口外径 6.3、尾外径 3.8、通长 5.2 厘米
M3：75-2，軎口外径 6.3、尾外径 3.9、通长 5.3 厘米

軎口起薄台呈喇叭形，后段管状，軎身有凸棱一周，有条形辖，辖首有近圆形穿。軎口外缘饰变形蝉纹与云纹，軎口外侧及軎身均饰流云纹。

M3：75-1

M3：75-2

194
铜当卢

汉代
曲阜九龙山汉墓
长 27.7、宽 5.5、厚 1.7 厘米

整体呈片状桉叶形。正面饰错金流云纹和镶嵌玛瑙、绿松石。

195
铜衡箭

汉代

曲阜九龙山汉墓

直径 2.5、高 6.6 厘米

中空圆筒形，上端封闭。上端及
箭身饰变形蝉纹及流云纹。

196

铜衡箭

汉代

曲阜九龙山汉墓

左：直径 4.1、高 4.1 厘米

右：直径 4、高 4 厘米

中空圆筒形，上端封闭。上端及箭
身饰错金银流云纹。

197

铜插件

汉代

曲阜九龙山汉墓

长 7.8、宽 6.1 厘米

下端正面呈馒头形外凸，另一面内凹。
上端呈长条状。下端正面饰流云纹。

198
铜印章

汉代
曲阜九龙山汉墓
印面边长 2.5、残高 0.9 厘米

方印，钮残缺。印面有阳文"□王"。

199
铜印章

汉代
曲阜九龙山汉墓
印面长 1.4、宽 0.6、通高 0.6 厘米

长方形印，桥形钮。印面有阳文"王未央"。

后 记

为庆祝山东省文物考古研究院成立 40 周年，计划出版青铜器、玉器、陶瓷器、铜镜图录，本书即为其中之一。文物所选皆为我院考古工作所得。其中，商代器物主要是青州苏埠屯出土的；西周器物主要出自高青陈庄、济阳刘台子、滕州庄里西等；春秋器物较多，主要出自沂水纪王崮、刘家店子，莒县大店，滕州薛国故城等；战国器物的出土地主要有临淄东夏庄、张家庄、相家庄，滕州大韩等；所选汉代器物较少，主要出自曲阜九龙山。

本书序言由孙波撰写，前言由郝导华、徐倩倩、韩辉、刘晨执笔。器物描述部分由徐倩倩、郝导华、胡杨、万菲、韩辉、吕凯等人负责。器物照片由宋朝、张冰、李顺华、张仲坤、阮浩等拍摄，参与拍摄工作的还有徐倩倩、万菲、韩辉、胡杨、刘晨、赵益超、孙玉宝、代全龙等。书中拓片由李胜利、高雷、张勇、孙威等拓制。另外，相关考古遗址负责人积极向本书提供了遗迹照片等资料。

在本卷的撰写过程中，得到单位领导和同事的热情鼓励和指导，另外，山东省水下考古研究中心的刘延常主任、山东大学的郎剑锋教授等人也提供了很多帮助。在此一并衷心致谢！

编　者

2021 年 12 月